Alentejo

ANAYA
TOURING

Autor: **Rita Custódio y Àlex Tarradellas**

Responsable de proyecto: **David Lozano**
Edición y maquetación: **Edipratt**
Cartografía: **Anaya Touring**
Producción: **Juan José Rodriguez, Olga Hernando y Antonio Mellado**
Diseño de la colecccion: **marivies**

Procedencia de las fotografías: autores, excepto: 123RF: 2; 21 sup.; 22 (2); 23 sup.; 26; 37 sup.; 63 sup.; 82 sup. e inf.; 86-87; 120; 124. **AGE:** 68; 99. **Corbis:** 14-15; 60-61. **Fotolia:** 12; 14; 15; 16; 17; 21 inf.; 52 izq.; 135. **Dreamstime.com:** Inacio Pires, 94. **Istockphoto:** johncopland, cubierta sup.; LuckyTD, cubierta inf.; 9 sup.; 37 inf.; 82 cen. **Shutterstock:** LuisPinaPhotography, 6-7; Magdalena Paluchow-ska, 8; Luis Pedro Fonseca, 10; Joao Manita, 11 izq.; Trabantos, 18-19; Paulo Resende, 20-21; LuisPinaPhotography, 23 inf.; Takashi Images, 24; amnat30, 25, 27; Filipe B. Varela, 29 dcha.; LuisPinaPhotography, 30 inf.; Hungry_herbivore, 31; Zdenek Matyas Photography, 33; Liliana Marmelo, 34 sup.; Zdenek Matyas Photography, 34 inf.; Carlos Caetano, 35; Sopotnicki, 38-39; Sonia Bonet, 42; joserpizarro, 44; trabantos, 50-51; JIAl-varez, 52 dcha.; Celli07, 53; amnat30, 54; Richard Semik, 58 inf.; Analisisgadgets, 62; inacio pires, 63 inf.; joserpizarro, 66; Sonia Bonet, 67 sup.; mehdi33300, 67 inf.; Sonia Bonet, 69; Amazing Travels, 74; John Copland, 79 sup.; makasana photo, 80-81; PIXEL to the PEOPLE, 83; Sebastian_Photography, 85; Angel L, 90; Jorge Anastacio, 91; LA-CROIX CHRISTINE, 92 sup.; Richard Semik, 97; paulomachado_9, 101; LuisPinaPho-tography, 102; Ana Couto, 103; LianeM, 104; Lisandro Luis Trarbach, 105; trabantos, 114-115; Sopotnicki, 118; Magdalena Paluchowska, 123; yuriyt, 127; Ron Ramtang, 130; joserpizarro, 133; Sopotnicki, 134. **Thinkstock:** 11 dcha.; 13.

3ª edición, 2025

© Grupo Anaya, S. A., 2025
Valentín Beato, 21. 28037, Madrid
www.guiasdeviajeanaya.es

Depósito legal: M-23.239-2024
ISBN: 978-84-9158-620-3
Impreso en España-Printed in Spain

PAPEL DE FIBRA
CERTIFICADO

La información contenida en esta guía ha sido cuidadosamente comprobada antes de su publicación. No obstante, dada la naturaleza variable de los datos, recomendamos su verificación antes de salir.

Contenido

Presentación

Hay quien dice que el Alentejo es la Toscana portuguesa. Sin duda, no va gran elogio para la región portuguesa, pero también para la dulzura región italiana.

Como su nombre asimo celebro llega, se encuentran situadas, vistas de tu que, rodean al moto por el río bien escalda; el sur por el turístico Algarve; al oeste por España y al este por las aguas atlánticas.

Se trata de una región normalmente rural y con una de las densidades demográficas más bajas de todo el país. Este desmembración es una consecuencia de la política latifundista aparecía durante la dictadura, que se empezó a por esto la región de tierras en grandes propiedades. Muchas de ellas estaban se a otros estados a las grandes ciudades al emigrar el dueño acoplándose, enfocándolo de una modo cualquiera probabilidad de progreso en sus tierras rurales.

Si disfrutas una visión a intensa, en tanto del clima tanto caminar a lengua un abierto abanico de climas turísticas, para todos los gustos. Las figuras que podrán pasar bajo agujereado y cobarta de los monumentos del agujero arqueológico y cultural, reflectando de más ecologistas, permanece un sentimiento libre. Vivirá muy fuerte que Contigia lleva a ella a los contrarios visitantes.

El **Alentejo** central

Junto a la fascinante ciudad de Évora, el centro del Alentejo contiene un patrimonio arquitectónico, arqueológico, cultural, gastronómico y enológico de cortar la respiración. Los numerosos castillos, iglesias, conventos, monumentos megalíticos, museos y otros referencia de ocio y naturaleza se extremecerán con un abanico de buena gastronomía y un sinfín de otros considerados por muchos como los mejores del país. La instalación del lago de Alqueva, el embalse de agua dulce más grande de Europa, ha embellecido las enormes riberas dorada y los campos verdeos con el azul celeste. Es un paraíso de aguas mansas que espera, a más bien una, Portugal y España Vale la pena compartir todos esos encantos por uno mismo.

São Francisco de Évora

3

No va considerada que en 1986 la Unesco le clasise el centro histórico de Évora Patrimonio Mundial de la Humanidad. Esta ciudad histórica situada en el corazón del Alentejo, a medio camino entre Lisboa y Badajoz, reúne dentro de sus acogidas una herencia monumental de valor incalculable. Incluso muy difícil reconocer un lugar por entorno del mora, mira que nada porque incitos son algunos de sus conformados, pero la **Iglesia de São Francisco** merece un vista especial por algunas de sus peculiaridades.

En el siglo XIII las franciscanos aparecen un convento para instalar su orden en Évora. Con la llegada el frente de la dinastía de Avis, varios de los regios en entusiasmo de santos se ocupado. Alfonso V fue de los primeros en comenzar en sostener construcción. Durante las reinado de los hijos y con J. Manuel I, entre 1480 y 1510, se acabó de construir la iglesia conservada y paladina de São Francisco como una antigua iglesia gótica que aborrezas el construyó. Las reformas herrero del siglo XVI las Maderas de capilla Radzi Telles a Marion Leonardo y por los primeros portugueses y flamencos dirigidos por Francisco Henriques.

info
▶ Praça Primero de Maio
◀ Largo de São Jerónimo
▶ Todos los días, de 9 a
▶ 18.30, los sábados compra
▶ 18 h.
Iglesia
♦ Gratis
Capilla de los Huesos
▶ 2,50 €
▶ norte de la iglesia
de São Francisco

Precios

El precio aproximado de los establecimientos se indicará mediante los signos:

C caro, **M** moderado y **E** económico.

Clasificación por estrellas

La mayoría de los lugares descritos en el libro se han clasificado por su grado de interés como sigue:

***   Visita obligada
**   Muy interesante
*   Interesante

Símbolos utilizados

A lo largo de la guía se han utilizado símbolos sencillos y claros para indicar las siguientes categorías:

⊙	referencia a los planos del final de la guía
✉	dirección o localización
☎	número de teléfono
◷	horario
🍴	restaurante o café
Ⓜ	estación de metro más cercana
🚌	rutas de autobús o tranvía
🚆	estación de tren más cercana
⚓	ferry más cercano
✈	aeropuerto
ℹ	información turística
♿	servicios para personas con discapacidad
💶	precio de la entrada
✛	otros lugares de interés cercanos
❗	más información práctica
🌐	web

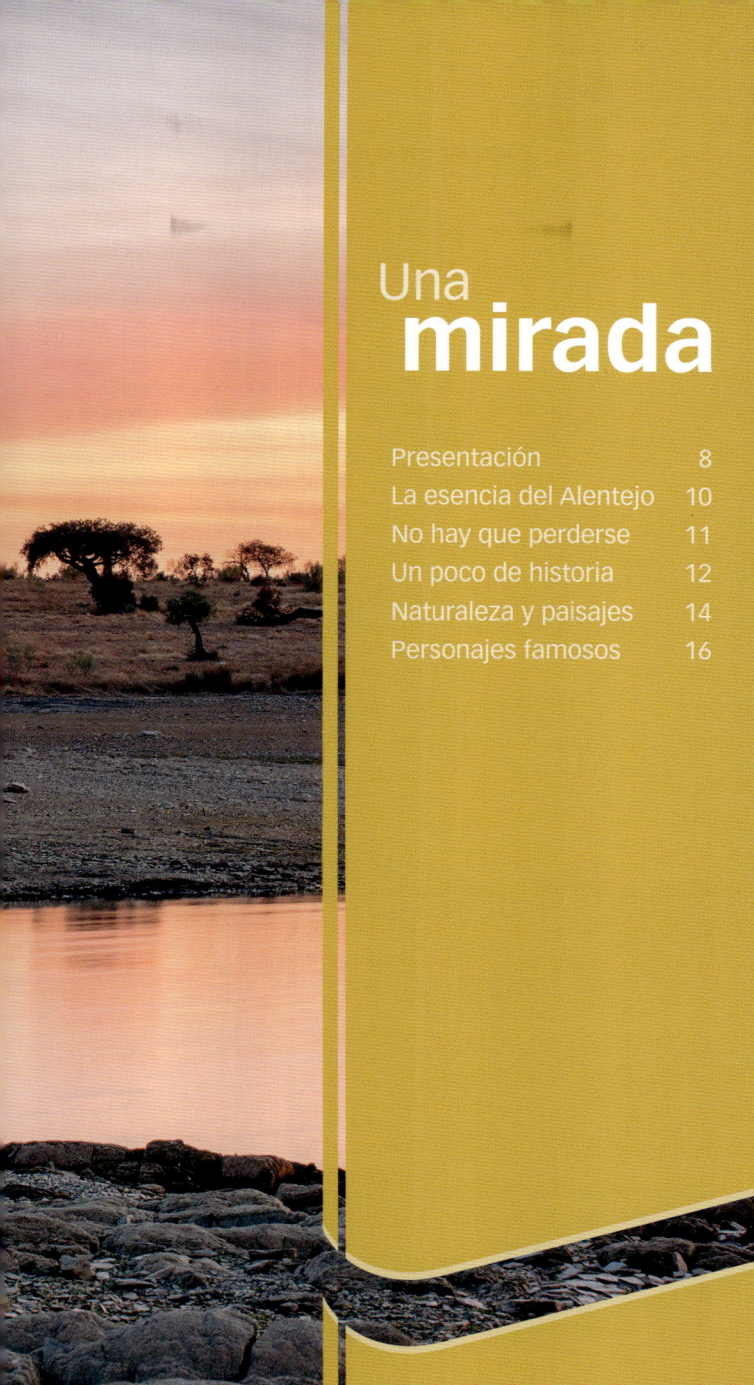

Una **mirada**

Presentación

Hay quien dice que el Alentejo es la Toscana portuguesa. Sin duda, es un gran elogio para la región portuguesa, pero también para la idílica región italiana.

Como su nombre indica (Além+Tejo), se encuentra «allende», «más allá» del Tajo, limitado al norte por el río luso-español, al sur por el turístico Algarve, al este por España y al oeste por las aguas atlánticas.

Se trata de una región esencialmente rural y con una de las densidades demográficas más bajas de todo el país. Esta desertificación es una consecuencia de la política latifundista agravada durante la dictadura, que propició que un gran número de campesinos vivieran en unas condiciones deplorables. Muchos de ellos emigraron a otros países o a las grandes ciudades al surgir el *boom* económico, enterrando de ese modo cualquier posibilidad de progreso en sus tierras natales.

El Alentejo ocupa más o menos un tercio del territorio nacional e integra un amplio abanico de ofertas turísticas para todos los públicos. La riqueza del paisaje, del legado arqueológico y cultural, de los monumentos, de la gastronomía, de los vinos y, sobre todo, de sus arraigadas tradiciones, promueve un sentimiento identitario muy fuerte que contagia día a día a los curiosos visitantes.

▼ Viñedo de la región del Alentejo, la llamada Toscana portuguesa.

Geografía

Limitado al norte por las regiones de Estremadura, el Ribatejo y las Beiras, al sur por el turístico Algarve, al este por España y al oeste por el océano Atlántico, el Alentejo ocupa unos 26.000 km², lo que representa aproximadamente el treinta por ciento del territorio portugués continental. Dispone de tres cuencas hidrográficas, las del Tajo y el Sado al norte y la del Guadiana al sudeste, que contribuyen a humedecer las áridas tierras de secano y los frondosos bosques de las sierras. Se trata de una región bastante llana, donde las únicas zonas elevadas se encuentran en la sierra de São Mamede (1.025 m).

Clima

El Alentejo tiene características del clima atlántico en el extremo norte, con temperaturas más frías y húmedas, y, pese a no estar bañado por las aguas de este mar, mediterráneo en el resto, con veranos calientes y secos e inviernos no muy lluviosos y suaves. A medida que uno se aleja de la costa, las altas y bajas temperaturas se intensifican. El sol de agosto en algunas zonas del interior aconseja una buena sombra, crema solar y más de un chapuzón en los lagos, ríos y piscinas que desafían la aridez de la tierra.

▲ La población es principalmente rural y muy apegada a sus tradiciones.

Población

Con cerca de 472.000 habitantes, el Alentejo es una de las regiones del país con menor densidad poblacional, aunque durante las épocas de vacaciones su población aumenta un veinticinco por ciento. Cabe decir que casi la mitad de los habitantes ha entrado en la tercera edad. Muchos de ellos emigraron a las grandes ciudades portuguesas y a otros países y regresan a su amada tierra con la pensión bajo el brazo para disfrutar de los lugares que tuvieron que abandonar por obligación en su juventud.

Economía

La actividad agrícola y pecuaria tiene un gran peso en la economía de la región, donde cerca de un treinta y cinco por ciento del territorio es utilizado para este uso. Pese a la fama de vagos atribuida a los alentejanos, que no corresponde a la realidad, lo cierto es que en los últimos años se han generado nuevas opciones laborales. El creciente turismo sostenible y de calidad, debido a un arraigado sentimiento identitario, ha hecho incrementar el número de visitantes y, en consecuencia, las modestas arcas de la región.

La **esencia** del **Alentejo**

Naturaleza, tradiciones, monumentos, pueblos pintorescos, gastronomía, vinos, turismo rural, caminos pedestres, deportes de aventura, playas paradisíacas, oficios tradicionales, rutas temáticas… El Alentejo tiene un sinfín de propuestas para ofrecer. Es un destino perfecto para encontrar la calma tan difícil de hallar en los grandes núcleos urbanos, ideal para sofocar las altas temperaturas en sus sorprendentes playas atlánticas y de aguas dulces, perfecto para estar en armonía con la naturaleza practicando algún deporte de aventura, disfrutando de su amplia oferta de instalaciones de turismo rural o bien explorando las diversas reservas naturales que ostenta.

No hay que perderse…

Viajar pocos días no implica viajar con prisa. Se pueden conocer rincones del Alentejo o realizar actividades que ayuden a retener la esencia del lugar. He aquí alguna recomendación.

◀ Ruta de pasarelas en Barca da Amieira.

▎**Sentirse el dueño del mundo** en el castillo de Marvão.
▎**Realizar un crucero** por el embalse de Alqueva.
▎**Pasear por el casco viejo de Évora,** Patrimonio de la Humanidad.
▎**Sobrevolar el Alentejo** en globo.

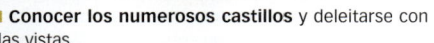

▲ Actividades como el surf o montar en globo encuentran en el Alentejo el marco ideal.

▎**Conocer los numerosos castillos** y deleitarse con las vistas.
▎**Bañarse en las idílicas playas,** de forma tranquila o bien haciendo surf.
▎**Bañarse con delfines** en el estuario del Sado.
▎**Practicar piragüismo** en el río Mira.
▎**Fotografiar** el cielo en Alqueva.
▎**Comprar artesanía** en Arraiolos, Redondo, etc.
▎**Escuchar el dialecto barranqueño** en el pueblo de Barrancos.
▎**Catas de vino y pruebas gastronómicas** en las variadas bodegas y cooperativas.
▎**Descubrir dólmenes, crómlechs y menhires** del Megalítico.
▎**Observar las pinturas rupestres** de las Grutas do Escoural.

Un poco de historia

La Lusitania romana

La explotación minera, las salinas, las innovaciones arquitectónicas y de ingeniería, y la introducción del latín son una muestra del esplendor de Lusitania. Pax Julia (Beja), Ebora o Liberalitas Julia (Évora), Myrtilis (Mértola), Salacia (Alcácer do Sal), Miróbriga (Santiago do Cacém) fueron algunas de las ciudades más importantes durante el imperio romano.

▼ Estatua de D. Nuno Álvares Pereira, héroe de la batalla de Aljubarrota, en el monasterio de Batalha.

50.000 a.C.	Primeros indicios de vida humana en la paleolítica Gruta do Escoural.
6.000 a.C.	Monumentos megalíticos como dólmenes, menhires y crómlechs se levantan en el Alentejo durante el Neolítico.
400 a.C.	Asentamientos celtas.
194–138 a.C.	Guerra lusitana en la que Viriato se erigió como símbolo de la resistencia al imperio romano.
II a.C. –V d.C.	Notable herencia romana en el Alentejo.
589	III Concilio de Toledo. Los visigodos se convierten del arrianismo al catolicismo para que sus reyes se alíen con los obispos católicos.
711	Invasión musulmana de la Península Ibérica. Tarik derrota al rey visigodo Rodrigo.
1139	La Batalla de Ourique sirvió para que Afonso Henriques, tras derrotar en inferioridad a los musulmanes, fuera proclamado rey de Portugal por sus tropas.
1143	Con el Tratado de Zamora, en el que se reúnen para sellar la paz Afonso Henriques y Alfonso VII de León, se proclama la independencia de Portugal.
1179	La bula papal de Alejandro II reconoce el reino de Portugal.
1226-1239	El rey Sancho II emprende la Campaña del Alentejo, con la que conquista Juromenha, Serpa, Moura, Beja, Aljustrel y Mértola con el apoyo de la Orden del Temple.
1297	El Tratado de Alcañices fue un acuerdo bilateral entre Fernando IV de Castilla y Dinis I de Portugal para definir la frontera.
1348	La peste negra se propaga a lo largo de Portugal y mata entre un tercio y la mitad de la población en sucesivas epidemias.
1385	Batalla de Aljubarrota, liderada por Nuno Álvares Pereira, que significó la derrota de los castellanos y la consolidación de João I, primer rey de la dinastía de Avis.
1479	Tratado de Alcáçovas, que sirvió para acabar con la Guerra de Sucesión de Castilla y para que los dos países se distribuyeran las posesiones situadas en el Atlántico.
1492	Fin de la reconquista con la Guerra de Granada. Los Reyes Católicos decretan la expulsión de los judíos y muchos de ellos huyen a Portugal.
1497	Manuel I de Portugal ordena la expulsión de los judíos.

1498	Vasco da Gama llega a la India y establece relaciones comerciales en Oriente.
1500	Descubrimiento oficial de Brasil.
1559	Fundación de la Universidad de Évora por Henrique I de Portugal.
1578	La Batalla de Alcazarquivir propició la desaparición del rey D. Sebastião y la subida al trono de Felipe II de España.
1580	Felipe II unifica los dos reinos bajo su corona, unión que durará hasta 1640.
1640	Guerra de la Restauración. Dinastía de los Bragança.
1659	Batalla de las Líneas de Elvas, en la que se impide el avance castellano hacia Lisboa.
1665	Batalla de Montes Claros o de Vila Viçosa. Paz con el Tratado de Lisboa (1668).
1759	El marqués de Pombal decreta la expulsión de los jesuitas. Cierra la Universidad de Évora, que no volverá a abrir hasta 1973.
1801	Tratado de Badajoz o Paz de Badajoz, tras la Guerra de las Naranjas (preludio de la guerra peninsular).
1807-1814	Guerra Peninsular. Líneas de Torres Vedras.
1834	Convención de Évoramonte. Acuerdo firmado entre miguelistas y liberales que puso fin a una guerra civil que duraba ya dos años.
1834	Extinción de las órdenes religiosas por los liberales. Muchos conventos pasan al Estado y otros a familias abastecidas.
1908	Asesinato de Carlos I y de su hijo heredero en Lisboa.
1910	Implantación de la República en Portugal.
1933	Inicio de la dictadura de Oliveira Salazar.
1936	El Alentejo se convierte en una provincia portuguesa.
1954	El asesinato de Catarina Eufémia desencadena una serie de revueltas contra la política latifundista del régimen salazarista.
1974	25 de abril, Revolución de los Claveles. Restablecimiento de la democracia. Pérdida de las colonias. Reforma agraria.
1976	División de la provincia del Alentejo en Alto y Baixo Alentejo.
1986	El centro histórico de Évora es declarado por la Unesco Patrimonio Mundial de la Humanidad.
2012	La Unesco declara Patrimonio Mundial de la Humanidad el conjunto de las murallas y fortificaciones de Elvas.

▲ Templo romano de Diana en la ciudad de Évora.

2014 El cante alentejano es declarado Patrimonio Inmaterial de la Humanidad.

2015 El arte milenario de los cencerreros (*chocalheiros*) de Alcáçovas también recibe el reconocimiento de la Unesco.

2024 Los World Travel Awards, los óscares del turismo, distinguen Dark Sky Alqueva como la mejor atracción turística y el mejor proyecto de turismo responsable de Europa.

Naturaleza y paisaje

▲ Una de las bases de la economía alentejana es la extracción del corcho.

▌Fauna

Es uno de los únicos lugares de Europa donde se pueden ver nutrias en hábitat marino. Las aguas más calientes del estuario del Sado permiten vislumbrar algún que otro delfín. Las anguilas, los chicharros, las sardinas, los pulpos y un gran surtido de otros peces y moluscos invaden las aguas saladas y dulces. La riqueza ornitológica también es reseñable y el pasatiempo de observar los pájaros es bastante habitual. Las aves migratorias sobrevuelan periódicamente la región, pero si hay un animal que destaca por encima del resto es la cigüeña, que consigue asentar sus nidos en los lugares más inimaginables.

▌Flora

La primavera tiñe los campos de flores silvestres. En verano, el sol amarillea los extensos trigales, las uvas comienzan a asomarse en los viñedos. Hay dos árboles íntimamente ligados a las costumbres alentejanas: el olivo, fuente de uno de los aceites más apreciados del mundo; y el alcornoque, al que esquilan la corteza al mismo tiempo que las ovejas. El sesenta por ciento de la extracción del corcho en Portugal se desarrolla en esta región.

► Las explotaciones ganaderas de cerdo ibérico son abundantes en el Alentejo.

Los más de 130 km de costa se extienden desde la **Reserva Natural del Estuario del Sado** hasta la bonita playa de Odeceixe, que ya pertenece al Algarve. Un extenso arenal recorre la orilla sin ninguna interrupción desde Tróia hasta Sines. A partir de ahí, la furia del mar esculpe el litoral de acantilados, farallones y naturaleza salvaje en la reserva del **Parque Natural del Sudoeste Alentejano** y la **Costa Vicentina,** que también integra la costa del Barlovento del Algarve.

En el noreste, la zona más elevada del Alentejo, el **Parque Natural de la Sierra de São Mamede** tiñe el paisaje de verde. El clima más atlántico y húmedo del extremo norte contrasta con el mediterráneo y seco del sureste, donde el **Parque Natural del Valle del Guadiana** combate la aridez de la tierra.

En 2002 se inauguró el **Embalse de Alqueva,** una obra gigantesca que sirvió para ampliar la irrigación de los campos y producir energía gracias a la apertura de una nueva central hidroeléctrica. Se trata de uno de los lagos artificiales más grandes de Europa y está considerado uno de los mejores lugares del mundo para la observación de las estrellas.

▲ Los olivos de la región producen uno de los mejores aceites del mundo.

Personajes famosos

Al-Mutamid

(1010?-1069) Rey musulmán que en 1044 anexionó el emirato de Mértola al gran imperio de la Taifa de Sevilla, que en aquellos años vivió su esplendor y un gran intercambio económico y cultural en casi todo el sur de la península.

Dona Leonor

(Beja, 1458-Lisboa, 1525) Nacida en Beja, fue reina de Portugal al casarse con su primo João II, conocido como el *Príncipe Perfecto* y cuarto rey de la dinastía de los Avis. Fue una protectora de los más desfavorecidos. Fundó el Hospital de Caldas da Rainha y la primera Hermandad de la Misericordia.

Vasco da Gama

(Sines o Vidigueira, 1469-Coxin, India, 1524) Fue un explorador y navegante portugués que abrió una ruta marítima hasta la India. La expedición fue impulsada por el rey Manuel I y el éxito comercial alcanzado inauguró la época más esplendorosa del imperio luso.

▶ El Monumento a los Descubridores, situado en Belém, homenajea a navegantes portugueses como Vasco da Gama.

Fialho de Almeida

(Vila de Frades, 1857-Cuba, 1911) Periodista y escritor famoso por obras como *Os Gatos,* una recopilación de artículos de prensa muy punzantes, o *La pelirroja,* publicada en España por la editorial Periférica. Fue uno de los intelectuales más destacados del siglo XIX.

Alfredo Luís Costa

(Castro Verde, 1883-Lisboa, 1908) El Alentejo se caracteriza por el pacifismo de sus habitantes. Sin embargo, este personaje, junto con dos alentejanos más, asesinó, en pleno Terreiro do Paço (actual Praça do Comércio), a Carlos I y al príncipe heredero Luís Filipe en 1908. Tras el regicidio fue abatido por la guardia real, pero su gesto contribuyó a la instauración de la República.

Catarina Eufémia

(Baleizão, 1928-Monte do Olival, 1954) Fue una humilde segadora que a los 26 años, analfabeta y con tres hijos, fue asesinada por la Guardia Nacional Republicana mientras llevaba en su regazo al más pequeño de ellos. Este trágico suceso la convirtió en un símbolo de la resistencia contra la dictadura de Oliveira Salazar.

Vitorino

(Redondo, 1942) Es uno de los cantantes más populares de Portugal y uno de los emblemas musicales del 25 de abril. Entre sus méritos destaca el hecho de haber recogido y mezclado canciones tradicionales del Alentejo con un estilo más moderno y personal.

Salgueiro Maia

(Castelo de Vide, 1944-Santarém, 1992) Fue uno de los capitanes del ejército portugués que el 25 de abril de 1974 lideró la Revolución de los Claveles, fecha clave en la historia de Portugal ya que significó el fin de la dictadura.

Luís Carrilho da Graça

(Portalegre, 1952) Es uno de los arquitectos con más prestigio nacional e internacional. A lo largo de su carrera ha recibido premios como el AICA, el Valmor, el FAD, el Fernando Pessoa, la Orden de Mérito de la República Portuguesa y el Piranesi Prix de Rome. En 2011 recibió del gobierno francés la insignia de Caballero del Orden de las Artes y de las Letras.

António Zambujo

(Beja, 1975) Es uno de los músicos portugueses más prometedores. Influido por los fadistas Alfredo Marceneiro y Amália Rodrigues, Zambujo mezcla el fado con otros estilos como el jazz y la bossa nova. Su voz dulce se asemeja, salvando distancias, a la del brasileño Caetano Veloso.

Nadie nos mira

José Luís Peixoto (Galveias, 1974) es una de las nuevas voces de la literatura portuguesa con más resonancia internacional. Ya ha sido galardonado con varios premios y traducido a más de veinte idiomas, como el español y el catalán. Novelas como *Nadie nos mira* describen pormenorizadamente el ambiente que se respira en las aldeas del Alentejo.

Florbela Espanca

(Vila Viçosa, 1894–Matosinhos, 1930). Todo un clásico de la lírica portuguesa. Pese a fallecer con 36 años, tuvo tiempo de convertirse en una de las poetas más universales del país. La fadista Mariza, el grupo Trovante o el brasileño Raimundo Fagner, han contribuido, entre muchos otros, a eternizar sus versos.

◀ El fado se encuentra representado en numerosas ocasiones en los tradicionales azulejos portugueses.

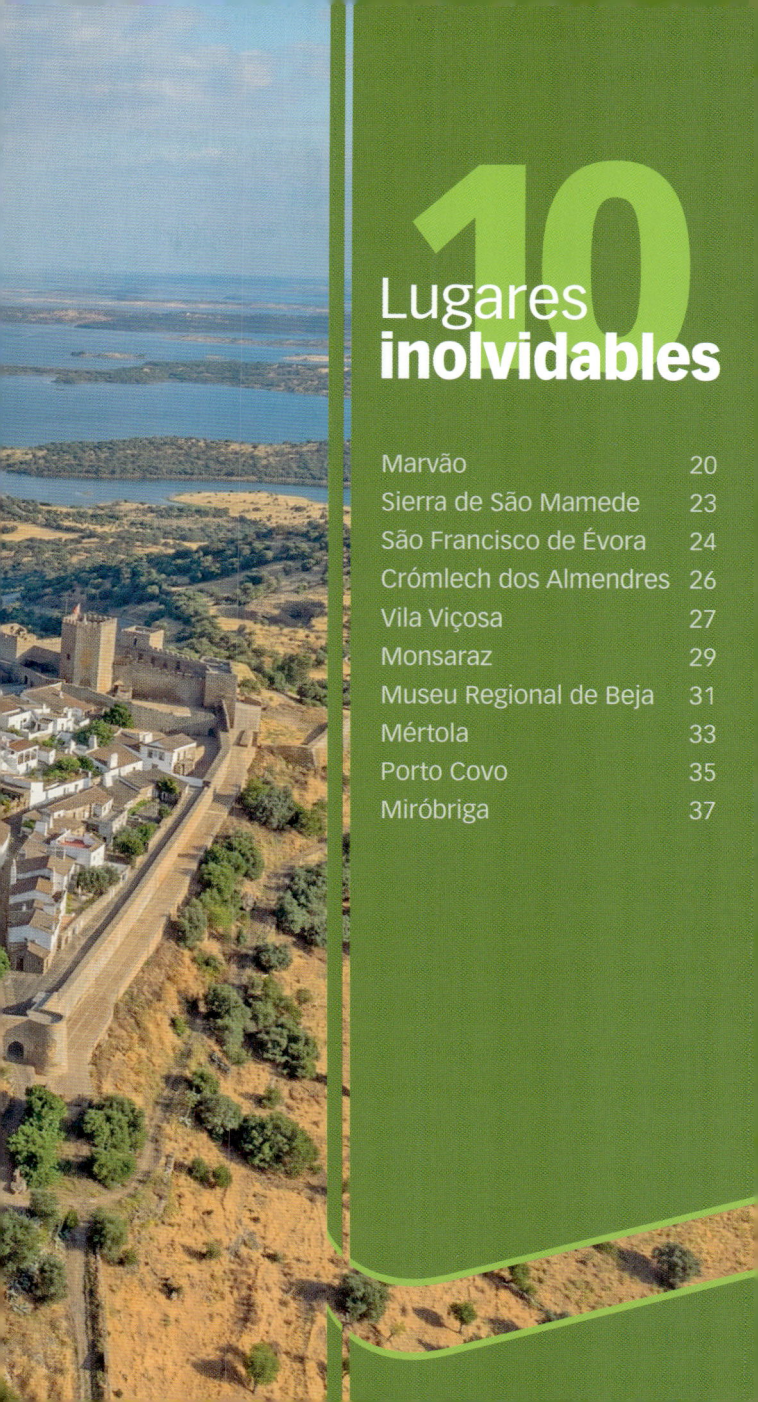

Lugares
inolvidables

Marvão

1

El **castillo de Marvão** corona la Sierra de Sapoio, perteneciente al norte del Parque Natural de la Sierra de São Mamede. Esta villa es uno de los burgos medievales más destacados de Portugal. Es Monumento Nacional desde 1922 y está prevista su candidatura a la Unesco como Patrimonio Mundial.

Info

- 🕐 75 km al NO de Elvas.
  116 km al O de Cáceres.
- ℹ️ Turismo Marvão: Largo da Silveirinha
- ☎ 245 909 131
- ✉️ turismo@cm-marvao.pt

A unos 7 km, la **Ciudad Romana de Ammaia** revela la presencia de los romanos por la zona. Dicen que esta ciudad padeció los estragos de un terremoto y que muchas de las piedras de los escombros fueron reutilizadas para construir el castillo de Marvão, cuyo nombre proviene de Ibn Marwan al-Yil'liqui. Este líder de un movimiento sufí en el Al-Andalus se rebeló contra el emirato de Córdoba y posteriormente creó la taifa de Badajoz, que sería vencida por el califato de Córdoba. Tras la reconquista de Afonso Henriques, en 1226 el rey

Sancho II otorgó a la villa la condición de fuero regio mediante la Carta de Foral. En 1271, el rey Alfonso III donó sus dominios a la Orden de Malta.

A causa de su ubicación geográfica, al estar limitado al norte y al este por España, que se encuentra a poco más de 10 kilómetros, el castillo de Marvão fue un reducto defensivo muy importante para las sucesivas dinastías portuguesas ante las continuas incursiones de la corona de Castilla. Las características orográficas dificultaron el acceso a la fortaleza por las fuerzas enemigas y la convirtieron en un punto clave de estrategia militar. De hecho, Marvão llegó a ser invadido más de una vez por los castellanos entre 1704 y 1772 y durante la Guerra Peninsular (1807-1811) por las fuerzas napoleónicas. En 1808, un comando portugués y varios habitantes de la vecina población castellana Valencia de Alcántara lucharon unidos para expulsar a los franceses de la región.

Info

Ammaia

✉ Quinta do Deão, estrada da Calçadinha, 4. São S Salvador de Aramenha

📷 Reservas: 245 919 089, 960 325 331

🕐 Todos los días, de 9 h a 12.30 h y de 14 h a 17.30 h

💳 Barato

✉ ammaia@ammaia.pt; www.ammaia.pt

▲ El castillo atrae todas las miradas pero a la vez es el mejor mirador de la zona.

▼ Marvão es Monumento Nacional desde el año 1922.

▼ Marvão es ideal para recorrerla andando y así poder admirar los detalles de sus encalados edificios.

Info

Museu Municipal
🕐 De mar. a dom., de 9 h a 12.30 h y de 14 h a 17.30 h
💾 Barato

El patrimonio arquitectónico de esta villa amurallada no tiene desperdicio. Aparte de la inconfundible alcazaba del castillo y su torre del homenaje, Marvão integra otros monumentos dignos de visita, como la **iglesia de Santa Maria**, que aloja el **Museu Municipal** y se encuentra al lado de un cuidado jardín, la **iglesia de Santiago**, el edificio de los **Paços do Concelho**, con su cárcel y su Torre do Relógio, o el **Pelourinho** (picota). Extramuros, cabe destacar la **capilla do Espírito Santo** y el **convento de Nossa Senhora da Estrela,** patrona de la villa y cuyas fiestas (el 8 de septiembre) son muy celebradas y concurridas en la región.

Tras adentrarse intramuros por las Portas da Vila, las Portas do Ródão o el Postigo do Torrejão y maravillarse con la magia arquitectónica de unas callejuelas con una historia tan convulsa, el gran aliciente son las vistas que regala la atalaya tras sus almenas y garitas a más de 800 m de altura. Ya lo decía Saramago en su *Viaje a Portugal:* «Se comprende que en este lugar, desde lo alto de la torre del homenaje del castillo de Marvão, el viajero murmure respetuosamente: ¡Qué grande es el mundo!».

P. N. Sierra de São Mamede

Esta preciada reserva natural irrumpe en el noreste para contrastar con las extensas llanuras y el clima más bien seco que caracterizan el Alentejo. El Pico de São Mamede, el punto más alto del parque y del sur del Tajo, que da nombre a la sierra, se encuentra a 1.025 metros de altitud y regala unas vistas excepcionales. En días claros puede llegar a avistarse la Sierra de Estrela e incluso el mar, para no hablar de Extremadura.

2

En 1989 se decidió delimitar esta área como Parque Natural para preservar sus especies endémicas únicas en el Alentejo. El norte y el centro se caracterizan por un clima más bien atlántico y un paisaje serrano con zonas rocosas de granito, cuarzo y pizarra, donde predomina el rebollo (*Quercus pyrenaica*), el castaño (*Castanea sativa*) y el pino marítimo (*Pinus pinaster*). El sur, con altitudes que no superan los 500 metros, tiene un clima más bien mediterráneo con un gran número de alcornoques (*Quercus suber*), encinas (*Quercus rotundifolia*), áreas de pasto y extensas plantaciones de secano. La fauna es muy rica. Un gran número de mamíferos, reptiles y anfibios pueblan este reducto verde alentejano. Pero el protagonismo se lo llevan las aves. Los amantes de la ornitología y la fotografía no pueden desperdiciar la oportunidad de avistar alrededor de 150 especies de aves que sobrevuelan este paraje natural, entre las que destacan las aves de presa. Algunas de ellas se encuentran en peligro de extinción, como es el caso del águila perdicera (*Hieraetus fasciatus*), el buitre negro (*Aegypius monachus*) y el buitre leonado (*Gyps fulvus*).

Se recomienda visitar la sede del Parque Natural, en Portalegre. Allí se facilita información sobre diferentes recorridos pedestres y en coche que combinan la naturaleza con un patrimonio cultural de una riqueza inusitada. Se organizan salidas guiadas que conviene reservar con antelación.

Info

Rua Augusto Cesar Oliveira Tavares 23. Portalegre
245 309 189
pnssm@icnf.pt;
www.icnf.pt/conservacao/rnapareasprotegidas/parquesnaturais/pnserradesmamede

▼ El buitre leonado encuentra en el parque un refugio a sus duras condiciones de vida.

São Francisco de Évora

3

No es casualidad que en 1986 la Unesco declarase el centro histórico de Évora Patrimonio Mundial de la Humanidad. Esta ciudad histórica situada en el corazón del Alentejo, a medio camino entre Lisboa y Badajoz, reúne dentro de sus murallas una herencia monumental de valor incalculable. Resulta muy difícil destacar un lugar por encima del resto, más que nada porque todos son dignos de ser destacados, pero la **iglesia de São Francisco** merece un trato especial por algunas de sus peculiaridades.

En el siglo XIII los franciscanos abrieron un convento para instalar su orden en Évora. Con la llegada al trono de la dinastía de Avis, varios de los reyes se enamoraron de la ciudad. Afonso V fue de los primeros en instalarse en las estancias monacales. Durante los reinados de su hijo João II y Manuel I, entre 1480 y 1510, se acabó de construir la iglesia conventual y palatina de São Francisco sobre una antigua iglesia gótica que albergaba el convento. Las reformas fueron llevadas a cabo por los maestros de cantería Pedro Trilho y Martim Lourenço y por los pintores portugueses y flamencos dirigidos por Francisco Henriques.

Info

✉ Praça Primeiro de Maio

Iglesia y Capilla de los Huesos
🕐 Todos los días, de 9 h a 18.30 h. De octubre a mayo, hasta las 17 h

Iglesia
🎫 Gratis

Capilla de los Huesos
🎫 Moderado

▼ Interior de la iglesia de São Francisco.

En el **exterior,** el pórtico de la iglesia, de estilo gótico manuelino, ostenta dos emblemas regios que representan a los dos mecenas, un pelícano y una esfera armilar respectivamente. No se debe olvidar que este último símbolo encarna el reinado más esplendoroso de la historia de Portugal, en el que se trazó la travesía a la India y "se descubrió" Brasil, proezas que traerían muchas riquezas al reino. Debido a ello, esta iglesia sería conocida como Convento de Oro. Los torreones cónicos y las almenas que coronan el tejado, los motivos náuticos y las gárgolas zoomórficas son otros rasgos arquitectónicos que ilustran la combinación de los dos estilos.

En el **interior,** tras las mencionadas reformas, la planta de cruz latina pasó de tres naves a una sola, flanqueada por varias capillas que se comunican entre ellas. En el altar mayor se observa a la derecha un órgano de tubos del siglo XVIII y a la izquierda una ventana desde donde los monarcas asistían a misa. La bóveda ojival tiene 24 metros de altura y hace que esta iglesia sea una de las más grandes de Portugal. Gil Vicente, el mayor dramaturgo portugués, que también escribió en español, fue sepultado aquí en 1536.

▲ La tétrica Capilla de los Huesos es toda una atracción turística.

Uno de los lugares más visitados de Évora es la **Capilla de los Huesos,** que se encuentra en el interior de esta iglesia. Se accede desde la calle, por una puerta contigua al pórtico. Esta capilla «nació» en el siglo XVI con la intención de tres monjes de acercar la muerte a lo cotidiano y estaba dedicada al Senhor dos Passos, que representa a Cristo desde su condena a muerte hasta el momento de su sepultura tras ser crucificado en el monte Calvario. Está compuesta de tres naves y tiene una extensión de 18,7 m de largo por 11 m de ancho. Tanto las paredes como las ocho columnas y los arcos están decorados con más de 5.000 huesos. De una pared cuelgan los cuerpos momificados de un adulto y un niño. Para completar la escena macabra, un mensaje en el friso del portón da la bienvenida a los curiosos visitantes: «Nosotros, huesos que aquí estamos, por los vuestros esperamos». Parece ser que durante la Inquisición la prohibición de incinerar los cadáveres y la obligación de enterrarlos conllevaron un considerable excedente de esqueletos.

La decoración ósea de un templo religioso no es única en Portugal, donde en las poblaciones algarvías de Faro, Lagos y Alcantarilha y las alentejanas de Campo Maior y Monforte también se conservan capillas con huesos. Ciudades europeas como Roma, París, La Valeta, las checas Sedlec y Brno, la polaca Czermna o la serbia Niš completan el recorrido tétrico del arte de los osarios.

Crómlech de los Almendres

4

A unos pocos kilómetros de Évora, en la carretera N114 dirección Montemor-o-Novo, un discreto cartel de color marrón indica el «Cromeleque dos Almendres».

Al adentrarse por ese desvío dirección Nossa Senhora de Guadalupe, *freguesia* de Évora, se distingue una indicación hacia el menhir de los Almendres. Tras recorrer a pie un sendero, se llega al sorprendente menhir de 3,5 metros de altura. Después de regresar por el mismo sendero deben seguirse las indicaciones que conducen hacia el crómlech de los Almendres, el monumento megalítico más importante de la Península Ibérica. Para llegar será necesario recorrer un camino a pie.

Info

✉ 4 km entre el menhir, situado en Guadalupe, y el crómlech, 14 km al oeste de Évora

▲ Panorámica del Crómlech de los Almendres, monumento megalítico de impactante belleza.

Resulta difícil mantenerse indiferente ante la magnitud del espacio. En un recinto de 70 m × 40 m, 95 monolitos con forma almendrada se yerguen dispuestos en una planta circular y otra elíptica. Sorprende que la posición de algunas de las piedras coincida con los movimientos de la luna y el sol, señalando equinoccios y solsticios. El crómlech de los Almendres fue descubierto en 1964 por Henrique Leonor Pina, cuando se encontraba haciendo la Carta Geológica de Portugal, aunque, lógicamente, algunos pastores y residentes de la zona ya conocían este misterioso lugar y lo llamaban «Las Piedras Paja».

Algunos de los monolitos, datados entre el siglo VI a.C y el III a.C, aún conservan varias inscripciones neolíticas, como representaciones antropomórficas y dibujos circulares y radiales con finalidades astronómicas.

Preguntas sin respuesta aliadas al silencio. Una visita imprescindible para adentrarnos en los recónditos orígenes de la Humanidad.

Vila Viçosa

Al llegar a Vila Viçosa el perfume de los naranjos de la Praça da República da la bienvenida a los visitantes. En un extremo de la plaza se encuentra la iglesia de **São João Evangelista,** fundada en 1601 como colegio jesuita y que destaca por su fachada de mármol y el retablo barroco del altar mayor.

5

A l otro extremo de la plaza ambarina se divisan las murallas del **castillo,** que regalan una buena panorámica de esta villa con pasado romano y árabe. Esta fortificación fue creada por orden de Dinis I en el siglo XIII e intramuros se encuentra el **santuario de Nossa Senhora da Conceição.** Cada 8 de diciembre, día de la Inmaculada Concepción, miles de devotos se reúnen aquí para celebrar una misa y una procesión en honor a la patrona de Portugal. Ese mismo día se celebra el nacimiento de la poetisa *calipolense* (gentilicio de la villa) Florbela Espanca (1894-1930), una Emily Dickinson portuguesa que pasó una feliz infancia en esta tierra y falleció trágicamente a los 36 años, la misma edad que segó la vida de la escritora estadounidense. Una discreta escultura en la plaza y la **Casa Florbela Espanca** le rinden homenaje. Sus restos reposan en el cementerio local, ubicado también en la alcazaba junto a los **museos de arqueología y de caza.** El primero alberga una colección de piezas que van desde la prehistoria hasta el siglo XIX, entre las que destacan las del legado romano y de Luís I de Portugal. El segundo se debe a la afición por la caza de la dinastía de los Bragança, que se alojó en esta villa tanto para veranear como para residir.

Sorprende que una población de menos de diez mil habitantes, aislada de cualquier gran núcleo urbano, concentre en tan pocos metros cuadrados tanta riqueza monumental. El **convento e iglesia dos Agostinhos,** la **iglesia y convento das Chagas de Cristo,** que hoy alberga la increíble Pousada (parador) D. João IV, la **iglesia da Lapa** con el **Crucero** de Vila Viçosa, el **Pelourinho** (picota) contiguo a la muralla, la manuelina **Porta dos Nós,** la **Porta da Cidade,** el **Museo del Mármol,** instalado en la antigua estación ferroviaria, o el **Museo de Arte Sacro** son solo algunos ejemplos más del rico patrimonio histórico de este oasis de tranquilidad. Vila Viçosa suma dos nuevos espacios culturales, el **Museu do Estanho «Apeles Coelho»,** un homenaje al arraigado arte de trabajar este metal, y el **Museu Agrícola y Etnográfico,** situado en la antigua estación de ferrocarril.

No obstante, la joya de Vila Viçosa es sin lugar a dudas el **Paço Ducal.** Jaime I, cuarto duque de Bragança,

Info

✉ 62 km al NE de Évora
57 km al SO de Badajoz
ℹ Turismo Vila Viçosa: Praça da República
☎ 268 889 317
✉ cultura@cm-vilavicosa.pt

Paço Ducal
✉ Terreiro do Paço
🕐 De junio a septiembre, de 10 h a 13 h y de 14 h a 18 h, resto del año, hasta las 17 h. Cierra el martes por la mañana y el lunes. Solo visitas guiadas.
🌐 www.fcbraganca.pt
€ Moderado

Casa Florbela Espanca
✉ Rua Florbela Espanca, 59
☎ 968 458 507 / 268 980 077
✉ casaflorbelaespanca.com

▼ Busto de Florbela Espanca a la entrada del castillo.

▲ Fachada del Pazo Ducal en el Terreiro do Paço, adornado con una estatua de João IV.

Info

Museu de Arte Sacra
- ✉ Rua Florbela Espanca, iglesia del convento de Santa Cruz
- 🕐 De martes a sábado, de 9.30 h a 13 h y de 14 h a 17 h
- 🎫 Barato

Museu do Mármore
- ✉ Olival da Gradinha, avda. Duque D. Jaime
- 🕐 De martes a domingo, de 9 a 12.30 y de 14 a 17.30 h
- ☎ 268 889 310
- 🎫 Barato

Museu do Estanho
- ✉ Largo Mariano Presado, 25
- 🕐 De martes a domingo, de 9.30 h a 13 h y de 14.30 h a 18 h
- 🎫 Barato

Museu Agrícola e Etnográfico
- ✉ Antigua estación de ferrocarril
- 🕐 De martes a domingo, de 9 h a 12.30 h y de 14 h a 17.30 h
- 🎫 Barato

ordenó construir este emblemático palacio en 1501, aunque a lo largo de los siglos XVI y XVII fue sufriendo varias alteraciones que le dan el aspecto actual. En 1910, con la implantación de la República, cerró sus puertas, que solo volvieron a abrirse en los años 40 tras el nacimiento de la Fundación de la Casa de Bragança. Emplazado en el **Terreiro do Paço,** una extensa plaza imperial con una estatua ecuestre de João IV, la fachada manierista de 110 metros hecha con el mármol de la región refleja un aspecto sobrio e imponente que corresponde con la riqueza de su interior. Dispone de unas 50 salas con colecciones de pintura (obras de José Malhoa, Columbano Bordalo Pinheiro, el rey Carlos I y Henrique Medina), mobiliario, cerámica y joyería. La gran cocina, con gran cantidad de utensilios de cobre, también es digna de visita.

El Paço Ducal dispone de cuatro núcleos museológicos: la **Armería,** donde se expone la pistola con que disparó el príncipe Luís Filipe al intentar repeler el atentado regicida que acabaría con su vida; el **Tesouro,** con más de 170 piezas de orfebrería civil; un surtido de **porcelana azul y blanca china,** que es la colección privada más importante de este género de la Península Ibérica; y, por último, el **Museu dos Coches,** que recoge una colección de carrozas, berlinas, landós y carruajes de gala dignos de mención. Destaca el carruaje en el que Carlos I y su hijo fueron asesinados en 1908.

De abril a diciembre la capilla del palacio acoge varios conciertos de música clásica.

Desde 1863 el segundo fin de semana de septiembre está reservado a las ansiadas **Festas dos Capuchos,** con numerosos conciertos, *touradas* (corridas), *garraidas* (novilladas) e incluso las *largadas* de toros en la Praça da República, donde el perfume de los naranjos amansa a los más bravos.

Monsaraz

No es nada exagerado afirmar que Monsaraz es una de las poblaciones con más encanto de Portugal. Esta pintoresca villa medieval fortificada tiene el privilegio de encontrarse en lo alto de una colina, lo que hace que se distinga a lo lejos. Por otro lado, la construcción del embalse de Alqueva en 2002 contribuyó a embellecer aún más el paisaje circundante de campos de agricultura extensiva, olivares y viñedos.

6

Gracias a su ubicación a lo largo de la historia desempeñó un papel militar destacado. El conjunto megalítico de Olival da Pega delata la presencia humana en las inmediaciones desde la prehistoria. Ocupada por celtas, romanos, visigodos, árabes, mozárabes y judíos, sus calles empedradas con pizarra y casitas blancas encaladas recogen varios vestigios de una tradición rebosante de historia. En 1167 Geraldo Sem Pavor conquistó la población a los musulmanes, Afonso Henriques la perdió contra los almohades y, finalmente, Sancho II la reconquistó con la ayuda de los templarios. A finales del siglo XIV Monsaraz jugó un papel importante en la dinastía de los Bragança y, en 1512, Manuel I le concedió una nueva carta foral. Tras la Restauración de la Independencia en 1640 se mejoraron las condiciones de fortín militar rodeando toda la villa con una muralla.

Info

✉ 55 km al SE de Évora. 17 km al E de Reguengos de Monsaraz

ℹ Turismo Monsaraz: Rua Direita

☎ 927 997 316

✉ turismo@cm-reguengos-monsaraz.pt

▼ El encanto y la calma que se respira en las calles de Monsaraz ayudan a comprender la *saudade* portuguesa.

Museu do Fresco
- ✉ Largo Dom Nuno Álvares Pereira, 9
- 🕐 De martes a domingo, de 9.30 h a 12.30 h y de 14 h a 18 h en verano; de 9.30 h a 13 h y de 14 h a 17.30 h en invierno
- ☎ 927 997 316
- 💳 Barato

▲ Vista del lago de Alqueva.

▼ Panorámica de Monsaraz.

Se recomienda entrar por la **Porta da Vila,** situada en el extremo opuesto al castillo, y atravesar la villa por la **Rua Direita,** que llega al Largo D. Nuno Álvares Pereira. En esta plaza, con una picota y la antigua Casa de la Inquisición, se puede admirar el recién inaugurado **Museu do Fresco,** la **iglesia matriz** y la **iglesia da Misericórdia.** Si se continúa en línea recta se llega al castillo. Merece la pena subir las escaleras hasta la torre del homenaje para admirar las impresionantes vistas de la villa y sus aledaños. La presencia de una plaza de toros en el interior sorprenderá al visitante y las vistas del embalse de Alqueva que regalan los torreones son dignas de enmarcar.

Durante la segunda quincena de julio se celebra el evento *Monsaraz, Museu Aberto,* un festival bienal (en los años pares) con conciertos y espectáculos diversos de lo más atractivos. En el segundo fin de semana de septiembre las **Festas do Senhor dos Passos** atraen a muchos visitantes ansiosos por ver una corrida de toros en el interior del castillo. La tradición de la tauromaquia está muy arraigada. Otras buenas fechas para visitar la villa son diciembre y principios de enero, cuando se distribuyen por las calles cuarenta figuras de barro de tamaño real para representar el belén navideño.

Abandonar Monsaraz ayuda a comprender lo que es la *saudade* portuguesa, porque es difícil que al visitante, después de respirar la calma y la belleza de sus calles, no le asalten unas ganas locas de volver cuando se esté alejando.

Museu Regional de Beja

En la capital del Baixo Alentejo, el Museu Regional de Beja, también conocido como Museu Rainha Dona Leonor, integra dos núcleos de exposiciones.

Cerca del castillo, ya extramuros, la **iglesia** paleocristiana **de Santo Amaro** alberga el **Núcleo Visigótico,** cuya colección de elementos arquitectónicos de ese periodo es la más importante del país. Tras su fundación, Beja ha recibido el calificativo de capital del visigótico en Portugal.

El otro núcleo se encuentra en el interior del **convento de Nossa Senhora da Conceição,** declarado Monumento Nacional en 1922 y que acogió entre sus muros a las monjas clarisas. Actualmente se encuentra cerrado, pero está previsto que reabra sus puertas en 2025. Fue construido a mediados del siglo xv por los duques de Beja, el infante D. Fernando y la infanta D.ª Beatriz, padres de la reina Leonor y el rey Manuel I. Tras su fundación se convirtió en uno de los conventos más ricos del sur de Portugal. De entonces se conserva poco más que la **iglesia,** el **claustro** y la **sala capitular,** de una belleza extrema por sus paredes revestidas de azulejos centenarios. Los paneles barrocos de talla dorada del siglo xviii también son dignos de mención. La fachada de la iglesia, con el portal gótico y las ventanas de doble arco mudéjar, contiene algunos rasgos manuelinos, como los torreones cónicos. Este núcleo del Museu Regional acoge un gran patrimonio organizado

7

Info

✉ **Convento de N.ª Sr.ª da Conceição:** Rua Conde da Boavista
Núcleo Visigótico: Largo do Santo Amaro, junto al castillo
🕐 De lunes a viernes, de 9.30 h a 12.30 h y de 14 a 17 h
💶 Barato. Gratis los domingos

▼ Museu Rainha Dona Leonor, alojado en el convento de Nossa Senhora da Conceição.

▲ Salas del museo en el interior del museo regional.

en diversas **colecciones** de gran interés: la de **azulejos** hispanoárabes y portugueses del siglo XV al XVIII; la de la colección privada de **arqueología** Fernando Nunes Ribeiro, que entre otras joyas dispone de unas losas con la escritura más antigua encontrada en la Península Ibérica, hasta ahora indescifrable; otra colección de arqueología con objetos comprendidos entre la prehistoria y la actualidad; la de **metrología,** para los interesados en conocer las unidades de medida de diversas épocas; la de **pintura religiosa,** con algunos lienzos del setabense José de Ribera y el santanderino Juan Arellano; la de **hierro forjado;** la de **orfebrería,** con objetos de plata; la de **escultura;** y la de **cerámica decorativa y loza,** donde destaca una escudilla de la dinastía Ming propiedad de Pedro de Faria, un viejo capitán de una factoría de Malaca.

Pero, curiosamente, el espacio más visitado de los dos núcleos no es ninguna de las colecciones, sino una discreta **ventana** con celosía del convento. Tras ella, una monja clarisa llamada **sor Mariana Alcoforado,** que ingresó en la Orden a los once años, despertó sus hormonas y escribió unas cartas eróticas al conde de Chamilly, un caballero francés que la había seducido y acabó por abandonarla. Esa declaración de amor daría la vuelta al mundo gracias a decenas de traducciones y adaptaciones al teatro y al cine, y se convertiría en un clásico de la literatura universal. El prolífico director Jesús Franco la llevó al séptimo arte en *Cartas de amor de una monja portuguesa*. La autoría de las cartas ha sido un tema controvertido y hay quien dice que el verdadero autor fue el francés Gabriel de Guilleragues. Pero ahora eso ya no importa. La leyenda está demasiado arraigada como para renunciar a la ventana libidinosa.

Mértola

Cerca del Algarve y la frontera española, Mértola saluda a los visitantes encaramada en una abrupta colina amurallada. Las aguas del río Guadiana, que más al norte deja de ser navegable, y de uno de sus afluentes, bañan parte de sus límites. La posición privilegiada de la villa hizo que a lo largo de la historia se convirtiera en un importante puerto mercantil. Fueron varias las culturas que contribuyeron a convertir Mértola en un hervidero de agitación comercial. Fenicios, cartaginenses, romanos y árabes dejaron su huella gracias a las aguas fluviales.

En los últimos años una clara apuesta por el turismo cultural ha convertido esta población en una auténtica villa-museo. El **Museu de Mértola** abarca todo el municipio y comprende varios núcleos museológicos de diversos periodos históricos: el **Núcleo de la Basílica Paleocristiana**; el de la **Achada de São Sebastião**; el

8

Info

- 52 km al SE de Beja.
  53 km al S de Serpa.
- Turismo Mértola: Rua da Igreja, 31
- 286 610 109
- turismo@cm-mertola.pt

Museu de Mértola
- De 9.15 h a 12.30 h y de 14 h a 17.15 h. Cierra lunes
- www.museudemertola.pt
- Barato

▲ Estatua ecuestre de Ibn Qasi, con la torre del homenaje del castillo de Mértola en segundo plano.

▼ Decoración de la alcazaba durante el Festival Islámico de Mértola.

Núcleo Romano, el del **Castillo** (siglos VI-IX), con la almenada torre del homenaje; el de **Arte Islámico** (siglos IX-XIII); el de **Arte Sacro** (siglos XV-XVIII); y, por último, varios espacios readaptados para perpetuar algunos artes tradicionales mediante material etnográfico: la **Forja do Ferreiro** (herrería), la **Oficina de Tecelagem** (tejeduría) y, ya fuera de Mértola, en **Mina de São Domingos,** la **Casa do Mineiro.** La **Casa de Mértola** y la de **Alcaria dos Javazes** permiten conocer a través de varios objetos la historia de la vida cotidiana y sus tradiciones. Aparte de toda esta oferta, el Museu de Mértola también permite realizar un circuito por la alcazaba. El **convento de São Francisco,** convertido en una atractiva residencia artística, ofrece sesiones de observación de aves, *(www.conventomertola.com,* con reserva previa) y, además de tener unos bellos jardines, alberga el interesante **Museu da Água.**

Nadie debería abandonar Mértola sin visitar la **iglesia de Nossa Senhora da Anunciação.** Podría tratarse de una iglesia más, pero tiene la particularidad de contener los restos de la única **mezquita** que se conserva en Portugal. Martulah llegó a ser un emirato independiente (1033-1049) tras la disolución de la taifa de Córdoba, aunque pasados diez años Al-Mutadid conquistaría la villa para integrarla en la esplendorosa taifa de Sevilla. Tras la caída del Imperio almorávide, volvería a ser una taifa independiente, hasta la conquista de los almohades (1151). La mezquita data de este último periodo y algunas de sus características la asemejan a la mezquita de Almería y a construcciones del norte de Marruecos. Cuando el rey Sancho II reconquistó Mértola y la cedió a la Orden de Santiago (1238), el templo sufrió una primera intervención para adaptarse al culto cristiano. Sin embargo, las reformas más sustanciales no se hicieron hasta principios del siglo XVI con el reinado de Manuel I. La fachada mudéjar, coronada por almenas puntiagudas, es un ejemplo de ello. Pese a los evidentes cambios, la iglesia conservó la planta cuadrada de cinco naves.

Aunque tenga signos evidentes del paso del tiempo, vale la pena detenerse en el **mihrab,** un nicho poligonal de cinco paños con arcos polilobulados, con su respectiva quibla orientada a La Meca. En el exterior quedan cuatro arcos de herradura decorados con alfices de yeso. Ya no se conserva el antiguo patio de rezos ni el alminar, que fue sustituido por la torre-campanario actual.

Cada año impar se celebra el **Festival Islámico,** que convierte las angostas calles de la alcazaba en un zoco (mercado). Al mismo tiempo, en la orilla del Guadiana se organizan conciertos de música mediterránea.

Porto Covo

Hay pocos pueblos de pescadores en el Alentejo tan pintorescos como Porto Covo. En los meses calurosos, los turistas, en su mayoría portugueses, no se resisten al encanto de la villa blanca ni al de las sucesivas playas que convierten las abruptas costas repletas de acantilados en sosegados anfiteatros alfombrados de finísima arena y agua cristalina.

Curiosamente, a finales del siglo XVIII esta población se reducía a poco más de cuatro casas de marineros. Sin embargo, en 1805 Jacinto Fernandes Bandeira recibiría el título de barón de Porto Covo de la mano de Dª Maria I de Portugal tras las reformas urbanísticas llevadas a cabo en ese reducto de casuchas aisladas. Además de la habilitación de un puerto comercial y varias áreas de cultivo, el gran mérito de este miembro de la alta burguesía portuguesa fue aprobar el trazado de una planta para la población de Porto Covo, inspirado, como es lógico en pequeñas dimensiones, en la Baixa lisboeta reformada por el marqués de Pombal tras el terremoto de 1755.

9

Info

- 16 km al S de Sines
- Turismo Porto Covo:
  Rua do Mar, 4
- 269 959 124
- turismo.portocovo@gmail.com

▼ Pequeñas embarcaciones ancladas en una bahía de Porto Covo.

▲ Como salida de un cuento, la plaza principal de Porto Covo tiene todas sus casas pintadas de añil y blanco y sus puertas de rojo.

Uno de los mayores atractivos del trazado urbano es la **plaza principal,** característica por una humilde y sobria iglesia y por las casitas de una planta con fachadas encaladas con frisos pintados de añil y puertas rojizas. El día 29 de agosto se celebran las **fiestas de Nossa Senhora da Soledade,** con una procesión que sale desde la plaza en honor a la virgen patrona que da nombre a esta iglesia y la Feira Anual, un mercado al aire libre que ocupa toda la explanada.

Como indica su etimología, Porto Covo ha mantenido muy arraigada la tradición pesquera como una importante fuente de ingresos. El *covo* es una especie de cesto alargado de mimbre que se utilizaba antiguamente para atrapar los peces y los pulpos. Sin embargo, en las últimas décadas el encanto de la aldea y sus apreciadas **playas** han hecho que se convierta en un importante polo turístico para la región. No se debe olvidar que Porto Covo integra el **Parque Natural del Sudoeste Alentejano y la Costa Vicentina,** que recorre la orilla desde Sines, 12 kilómetros más al norte, hasta los ya algarvíos cabo de São Vicente, la fortaleza de Sagres y la Praia do Burgau. Este paraíso verde que comprende parte de las costas del Alentejo y el Algarve es ideal para admirar el esplendor de la flora y la fauna que pincelan el paisaje.

Algunas playas como la **Praia Grande,** la **Praia dos Buizinhos,** la **Praia Pequena** o la **Praia da Ilha do Pessegueiro** pueden resultar excelentes remedios para paliar las altas temperaturas.

El atractivo de Porto Covo no tiene límites. Entre julio y agosto, Sines organiza el **Festival de Músicas do Mundo,** el más importante festival de *world music* del panorama nacional. Han sido muchos los artistas que han quedado hechizados tras pisar sus calles y arenales. Rui Veloso, uno de los roqueros lusos más apreciados, compuso una bonita canción titulada con el nombre de esta apacible villa alentejana, donde «las aguas brillan como platas».

Miróbriga

10

A unos dos kilómetros de Santiago do Cacém, tomando la N120 dirección Grândola, se llega a las Ruinas Romanas de Miróbriga. Merece la pena una visita para presenciar la dimensión de este extenso complejo arqueológico. La ubicación privilegiada del lugar, rico en minería, pesca y agricultura, potenció el desarrollo de este poblado. Las investigaciones apuntan a que los primeros habitantes de Miróbriga fueron los celtas durante la Edad de Hierro (IV a.C.). Sin embargo, a partir del siglo II a.C., la romanización dio nuevos aires a esta población, que en el siglo I d.C. comenzó su época de esplendor al ser declarada Municipium Flavius Miróbriga hasta la caída del imperio romano (siglo IV d.C.).

Info

- A 2 km del centro de Santiago do Cacém
- De mar. a sáb., de 9 h a 12.30 h y de 14 h a 17.30 h, domingos, de 9 h a 12 h y de 14 h a 17.30 h. Última entrada 1 h antes de cerrar
- Barato

Algunos arqueólogos creen que se trataba de un centro urbano provincial, mientras que otros interpretan que ejercía sobre todo la función de santuario de paso o peregrinación. Dejando de lado las teorías, si nos ceñimos a los restos arqueológicos, al acceder al complejo la capilla de São Brás, del siglo XVI, y una zona habitacional romana dan la bienvenida a los visitantes. En la zona más elevada del recinto se distingue un **foro**, donde son bien visibles dos columnas que presiden los restos de un antiguo **templo consagrado al culto imperial.** Junto a la zona del foro también hay otro **templo dedicado a la diosa Venus,** una zona donde presuntamente había una posada y el área comercial, conocida como *tabernae*.

Lo más destacado de las ruinas son las **termas,** dos edificios anexos de épocas diferentes que se mantienen en buen estado de conservación. Estos baños públicos integraban una zona de entrada, con salas de vestuarios y juegos, una de baños fríos *(frigidarium)* y otra de baños calientes *(caldarium y trepidarium).* Resulta interesante ver los hallazgos de esta gran obra de ingeniería pública.

Al acabar la visita, conviene tomar la N261 (Santiago do Cacém-São Domingos) y, a cerca de 200 metros a la izquierda, detenerse en el **hipódromo** romano. Parece ser que fue construido para la celebración de unas fiestas con juegos. Se trata del único hipódromo registrado en Portugal hasta la fecha. Sus dimensiones demuestran que, pese a ser más pequeño que los de Mérida y Toledo, es mayor que el de Tarragona.

El **Museu Municipal de Santiago do Cacém** tiene en exposición algunos restos de las excavaciones procedentes de la contribución del Dr. João da Cruz e Silva (1881-1948), quien, a lo largo de las décadas, reunió una diversa colección de arqueología y numismática.

▲ Actualmente se sigue trabajando en el complejo arqueológico de Miróbriga.

La
visita

SIGNOS CONVENCIONALES

	Autopistas de peaje
	Autovías
	Carreteras principales
	Otras carreteras
	Límite de estado
⊕	Aeropuerto
🅿	Pousada
LISBOA	Población de gran interés
SANTARÉM	Población de interés
	Parque Nacional/o Natural

El **Alentejo central**

Junto a la fascinante ciudad de Évora, el centro del Alentejo contiene un patrimonio arquitectónico, arqueológico, cultural, gastronómico y enológico de cortar la respiración. Los numerosos castillos, iglesias, conventos, monumentos megalíticos, museos y otras ofertas de ocio y naturaleza se entremezclan con un abanico de buena gastronomía y un surtido de vinos considerados por muchos como los mejores del país. La instalación del lago de Alqueva, el embalse de agua dulce más grande de Europa, ha embellecido las extensas mieses doradas y los campos verdosos con el azul cristalino. Es un paraíso de aguas mansas que separa, o más bien une, Portugal y España. Vale la pena comprobar todos estos encantos por uno mismo.

▌Évora

A medio camino entre Lisboa y Badajoz por la A6, esta ciudad de más de 53.000 habitantes es el mayor núcleo urbano del Alentejo y resulta una parada obligatoria. Desde que en 1986 la Unesco clasificó su centro histórico como Patrimonio Mundial de la Humanidad, Évora se ha erigido como la perla del Alentejo y uno de los destinos más buscados del país. Denominada como la «Ciudad blanca» o la «Ciudad-museo», la capital de la provincia del Alto Alentejo no se cansa de maravillar a sus visitantes. Las calles medievales estrechas y empedradas con las casas encaladas y zócalos añiles y ocres contrastan con un rico patrimonio monumental y cultural. Es difícil pasear por Évora sin dejarse seducir por un nuevo detalle arquitectónico o artístico heredado de un auténtico crisol de culturas.

▲ El estilo manuelino está representado en numerosos edificios de Évora.

N umerosas iglesias, conventos, museos, espacios verdes, tiendas, bares, restaurantes y otras ofertas de ocio contribuyen a convertir esta entrañable ciudad en un espacio dinámico. La presencia de varios universitarios aporta un ambiente joven necesario para mantener vivas las tradiciones.

Se recomienda empezar la visita desde la Praça do Giraldo, donde se encuentra el Punto de Información Turística. Esta plaza es el eje del centro histórico y uno de los espacios más concurridos de la ciudad. Aparte de la iglesia de Santo Antão destaca una fuente circular de mármol blanco con una corona de bronce en la parte superior. Data del 1575 y los ocho mascarones utilizados de caños representan las ocho calles que desembocan en la plaza. Parece ser que en tiempos romanos había un arco del triunfo. Como dato curioso, vale la pena fijarse en la arcada que recorre todo un flanco de la plaza. Hay quien dice que no existe un arco igual. Fue en esta explanada donde se realizó la primera «feria franca» de Évora.

Para proseguir la visita se puede ascender por la Rua 5 de Outubro, característica calle comercial, que conduce a la Sé, el Museu de Évora y el Templo de Diana.

Resulta imposible abarcar toda la riqueza monumental y cultural de esta ciudad. Aparte de las propuestas más reseñables que se ofrecen a continuación, cabe destacar la iglesia da Misericórdia, con su imponente altar mayor de talla dorada y conjunto de azulejos, el convento dos Remédios, que alberga el Núcleo Inter-

Rua da Estação, a 1 km del centro
☎ 2210 900 032
🖥 www.cp.pt
Av. Túlio Espanca, a 1 km del centro
☎ 266 738 120
🖥 www.rodalentejo.pt
🛈 **Turismo Évora:** Praça do Giraldo, 73
☎ 266 777 071
🖥 postodeturismo@cm-evora.pt; www.cm-evora.pt/visitante
✚ **Museu do Relógio.** Palacio Barrocal. Rua Serpa Pinto, 6. De mar. a vie. de 14-17.30 h; sáb. y dom. de 10-12.30 h y de 14-17.30 h
MADE. Praça 1º de Maio. Abierto de 9.30-13 h y de 14.30-18 h. Cierra lunes
Igreja de S. Brás. Av. Dr. Barahona. Abierto de martes a viernes, de 10-12 h y de 15-19 h; sábado, de 15-19 h; domingo, de 10-13 h
Convento dos Remédios. Avenida de São Sebastião. Abierto de lun. a vier., de 9.30-13.30 h y de 15-17.30 h. El horario del Núcleo Interpretativo do Megalitismo es de lun. a vier. de 10-12.30 h y de 14-17.30 h

(sigue en pág. 44)

Igreja da Misericórdia
- ✉ Rua da Misericórdia, 5
- 🕐 Abierto de lunes a sábado de 10 a 17.30 h

· · · · · · · · ·

- ✉ Largo do Marquês de Marialva
- 🕐 Todos los días, de 9 h a 17 h
- 💾 Barato

Museu de Arte Sacra
- 🕐 Todos los días, de 9 h a 17 h. En invierno cierra entre 12.30 h y 14 h
- 💾 Barato

▲ El cimborrio de la Sé recuerda por su cubierta de escamas a las catedrales de Salamanca y Zamora.

pretativo do Megalitismo, la ermita de São Brás, el Museu do Artesanato e do Design (MADE), una pequeña dependencia del Museo del Reloj de Serpa, el Teatro Garcia de Resende, con una variada programación cultural, y la activa Fundação Eugénio de Almeida.

LO QUE HAY QUE VER EN ÉVORA

❙ SÉ ★★★
Si se sube desde la Praça do Giraldo por la Rua 5 de Outubro se llega a la catedral de Évora, la más grande de Portugal. Fue fundada en 1186 y al parecer se construyó sobre los cimientos de una mezquita. La fachada principal de granito, con sus dos grandes torres laterales, denota algunas características del románico, aunque los rasgos principales del templo pertenecen al gótico. La planta es de cruz latina y tiene tres naves, con la central más elevada. Uno de los símbolos de este monumento y de toda la ciudad es el cimborrio cónico recubierto con piedras como si fueran escamas, que indica una cierta influencia bizantina y que, en cierto modo, recuerda a los de las catedrales de Salamanca y Zamora. Al entrar en el interior, sorprende el órgano manierista de finales del siglo XVI. A la izquierda del transepto se encuentra la bella capilla de Esporão, también conocida como capilla de Nossa Senhora da Piedade. En la cabecera se encuentran la capilla mayor, cuatro capillas laterales y la Sala Capitular. A la derecha del transepto, o entrando desde el exterior por la Porta do Sol, se puede acceder a un claustro rectangular del siglo XIV, un ejemplo de la fuerte influencia del gótico con algunos rasgos mudéjares. Desde dos escaleras de caracol se sube a la azotea, que brinda unas bonitas vistas de la ciudad.

El edificio contiguo alberga el **Museu de Arte Sacra,** una de las colecciones del género más importantes del país, con piezas de pintura, escultura, orfebrería y paramentos. Una de sus joyas es la *Virgen del paraíso,* una escultura de plata y marfil.

❙ TEMPLO DE DIANA ★★★
A pesar de ser conocido como Templo de Diana, parece que inicialmente se construyó para homenajear al emperador Augusto. Está situado en la misma plaza que alberga el Museu de Évora, el Convento dos Lóios, la Biblioteca Pública y el Jardim de Diana. Es uno de

(Plano de Évora — mapa de la ciudad)

Arraiolos 21 km · Estremoz 46 km · Badajoz 105 km · Lisboa 148 km · Alcáçovas 33 km · Estación 1 km-S. Brás · Beja 82 km

Aqueduto · Rua do Muro · Rua das Alcaçarias · Estrada da Circunvalação · Rua Cândido dos Reis · Rua do Cano · Rua da Calçada · Largo do Chão das Covas · Rua das Fontes · Rua de Aviz · Rua de José Cordovil · Convento do Calvário · Seminário · Rua da Mouraria · Rua R. Garcia · Rua do Menino Jesus · Largo dos Colegiais · Antiga Universidade · Praça Joaquim A. de Aguiar · Teatro · Palácio Cadaval · Pousada dos Lóios · Pal. dos Condes de Basto · Largo da Senhora da Natividade · Rua de S. Domingos · Rua João de Deus · Governo Civil · Templo Romano · Câmara Municipal y Tribunal · Biblioteca Museu de Évora · Pal. de Portalegre · Largo do Colégio · Largo dos Penedos · Rua de Sta. Catarina · Sto. Antão · Sé · Pal. de Resende · Rua do Conde de Serra da Atouguia · Rua de Machede · Largo de Machede · Sta. Clara · Rua de Serpa Pinto · P. do Giraldo · R. Cinco de Outubro · A Misericórdia · Rua de Mendo · Largo da Porta de Moura · Largo das Alterações de Évora · Rua da Moeda · Rua dos Mercadores · R. Miguel Bombarda · R. Misericórdia · Rua de Augusto F. Nunes · Rua do Raimundo · Praça 28 de Maio · Rua da República · O Carmo · Igr. das Mercês · R. Romão Ramalho · S. Francisco · Igr. da Graça · Rua do Cicioso · Largo dos Castelos · Mercado · Pal. de D. Manuel · R. da Rampa · Largo do Senhor da Pobreza · Jardim público · A. J. D. Almeida · Avenida do Infante · Avenida João de Deus

0 · 100 · 200 m

los símbolos de la ciudad debido a su buen estado de conservación. Como dato curioso cabe decir que este templo romano se construyó en el siglo I d.C. en la plaza principal, que tenía la función de foro romano. Por entonces Évora era conocida como *Liberitas Julia*. En la época medieval el templo fue reaprovechado para levantar una torre del castillo, pero en 1871 se volvieron a retirar las paredes y se restauró el edificio manteniendo las columnas jónicas.

❙ IGLESIA DE SÃO FRANCISCO (▶24) ★★★

❙ UNIVERSIDAD DE ÉVORA ★★

Fundada en 1559 por el Cardenal-Infante D. Henrique, futuro rey de Portugal, y legada a los jesuitas, se consolidó rápidamente como uno de los principales centros de conocimiento del país, a la par de la de Coímbra. A pesar del turbulento periodo de la Inquisición, tuvo un papel clave en la sociedad de la época, hasta que en 1759 vio como cerraron sus puertas. Dos siglos más tarde, en

✉ Largo dos Colegiais, 2
🕐 Para visitas guiadas se debe escribir a visitas@uevora.pt
💶 Barato

1979, se decidió devolver a Évora su baluarte del saber. Se recomienda visitar el **claustro** renacentista; la Sala de Actos, de estilo barroco; el **Templo do Espírito Santo,** de planta manierista; y los **azulejos** barrocos lisboetas que decoran las paredes de algunas clases, con imágenes alusivas a autores clásicos y a las asignaturas impartidas.

I FUNDAÇÃO EUGÉNIO DE ALMEIDA ***

Además del espacio Cartuxa, situado en las afueras de Évora y donde es posible hacer catas de vino y conocer las bodegas, el Centro de Arte e Cultura, situado en el centro histórico, tiene la vocación de promover la cultura y el arte con varias exposiciones. Asimismo, cuenta con un rico patrimonio, con murales del siglo XVI y una curiosa exposición de carruajes.

I MUSEU NACIONAL FREI MANUEL DO CENÁCULO ***

Tiene sus orígenes en 1804, cuando el arzobispo de Évora, frey Manuel do Cenáculo, creó la Biblioteca Pública, en la que también reunió su vasta colección de arqueología y arte. Actualmente el museo alberga más de 20.000 piezas, muchas de ellas provenientes del patrimonio del gran número de conventos de Évora clausurados tras la extinción de las órdenes religiosas en 1834.

Ningún apreciador del arte debería dejar de visitar este museo, reabierto en 2009 tras unas largas obras de recalificación y que a finales de 2012 abrió un espacio con una importante colección de vestigios prehistóricos. En la planta baja del claustro vale la pena observar unas ruinas descubiertas en 1996 que desvelan que debajo del edificio se encontraba parte del foro romano, algunas viviendas del periodo islámico e incluso un cementerio medieval. Son muchas las obras dignas de mención que ostenta este espacio, pero si hay que destacar una de ellas es el **retablo flamenco** proveniente del Altar Mayor de la Sé de Évora, uno de los mejores del país cuyo autor perteneció al círculo de Gerard David. Otras pinturas portuguesas y flamencas maravillarán a los curiosos. En la planta inferior se organizan exposiciones temporales.

I PALÁCIO CADAVAL *

Delante del Templo de Diana, este palacio fundado en el siglo XIV sobre las ruinas de un castillo musulmán merece ser destacado. Perteneciente a la familia aristocrática Cadaval, el edificio contiene rasgos mudéjares, góticos y manuelinos. Junto al palacio se encuentra la iglesia São João Evangelista, que es una de las más bellas del país gracias a su rica colección de azulejos del siglo XVIII.

....
- Páteo de São Miguel
- De martes a domingo, de mayo a septiembre, de 10 h a 19 h; de octubre a abril, de 10 h a 18 h. Cierra entre las 13 h y las 14 h
- 266 748 350
- Moderado
- www.fea.pt; patrimonio.cultural@fea.pt (para visitas guiadas)

Enoturismo Cartuxa
- Quinta de Valbom, Estrada da Soeira
- Todos los días, de 10 h a 19. Con reserva previa: 10.30 h, 11.30 h, 15 h y 16.30 h.
- 266 748 383
- www.cartuxa.pt

....
Museu Nacional Frei Manuel Do Cenáculo
- Largo Conde de Vila Flor
- 9.30 h a 13 h y de 14 h a 17.30 h. Cierra lunes
- Moderado
- www.museusemonumentos.pt

....
- Largo Conde de Vila Flor
- 919 588 474
- De 10 h a 18 h. Cierra lunes y martes
- Barato
- www.palaciocadaval.com

I CONVENTO DOS LÓIOS   *

Pese a que actualmente aloja una Pousada de Portugal, se recomienda tomar algo en el bar o el restaurante para apreciar el impresionante claustro del siglo XVI. La planta baja muestra rasgos manuelinos, mientras que la superior ya respira aires renacentistas. Conviene visitar también la Casa do Capítulo, atribuida al reputado arquitecto Diogo de Arruda, uno de los padres del estilo manuelino.

✉ Largo Conde de Vila Flor

I PALÁCIO DE D. MANUEL Y JARDÍN PÚBLICO   **

Un ejemplo de lo bien cuidados que están los parques y espacios verdes en el Alentejo es el Jardín Público, con un templete en el centro. En el interior, custodiado por varios pavos reales, se halla el **Palacio de D. Manuel**, también conocido como Galería das Damas. Actualmente alberga varias exposiciones temporales.

Se trata del único resquicio del antiguo Palacio Real de Évora, destruido en el siglo XIX. Se aprecian rasgos neomoriscos en los arcos de cerradura, así como algunas ventanas y arcos del imponente estilo manuelino. Parece ser que aquí se nombró a Vasco de Gama comandante de la flota que abriría la ruta marítima de la India.

✉ Rua da República

▼ Acueducto de Água da Prata.

I ACUEDUCTO DE ÁGUA DA PRATA   **

Se trata de la estructura hidráulica más importante del Portugal del siglo XVI. El fraile dominico André de Resende convenció a João III para que refundara el acueducto romano. Las obras culminarían en 1873, con el estado actual de unos 19 km. Hoy en día sigue abasteciendo a la ciudad. En 1910 fue declarado Monumento Nacional. Si uno se acerca, intramuros, al inicio del acueducto, merece la pena admirar algunas viviendas construidas aprovechando los arcos. El Ayuntamiento ha habilitado un recorrido de un total de 8 km para practicar el senderismo, una excelente propuesta para hacer ejercicio disfrutando del bello y diverso paisaje y uno de los patrimonios vivos más destacados de Évora.

I MUSEU DO RELÓGIO   **

Situado a unos pasos de la céntrica Praça do Giraldo, este polo del homónimo museo de Serpa expone una extensa colección de relojes de todo el mundo.

I ALTO DE SÃO BENTO   *

Se trata de uno de los mejores miradores para apreciar las vistas de Évora. En 2023 el Ayuntamiento rehabilitó dos antiguos molinos e inauguró dos nuevos núcleos museológicos dedicados a la geología y la flora.

I CRÓMLECH DE LOS ALMENDRES (▶26)   ***

✉ Palácio Barrocal. Rua Serpa Pinto, 6
🕐 Entre semana, de 14 h a 17.30 h; sábado, domingo y festivos, de 10 h a 12.30 h y de 14 h a 17.30 h. Cierra lunes
☎ 266 751 434
🖥 www.museudorelogio.com
💲 Barato

Alto de São Bento
✉ 266 736 163
🕐 De lunes a viernes, de 9 h a 12.30 h y de 14 h a 17.30 h

LO QUE HAY QUE SABER

Muchas veces la falta de tiempo deja un sabor amargo por no poderse visitar todo aquello que uno desearía. Teniendo en cuenta que cada viajero es un mundo e intentando abarcar el mayor número de intereses posible, a continuación presentamos algunas sugerencias que pueden ayudar a priorizar y a hilvanar un itinerario a medida.

5 costumbres locales

✓ Los **saludos de cortesía**, como *Bom dia*, *Boa tarde* o *Boa noite* son básicos para entablar una conversación.

✓ Ir a **mercados y ferias populares**.

✓ Tomar el café con un pastelito en la **pastelería**, tanto para desayunar como a media tarde.

✓ Los alentejanos suelen ser **hospitalarios y educados** con los españoles, a los que consideran «nuestros hermanos».

✓ Se mantienen **fieles a sus tradiciones**.

5 consejos útiles

✓ **Tomarse las cosas con calma**. No vale la pena exasperarse con alguna falta de señalización o por algún horario no cumplido a rajatabla.

✓ La mayoría de las poblaciones tiene **cajeros**, llamados *multibancos*. La mayoría de locales acepta **tarjeta**. Si desea pagar de ese modo diga que quiere pagar con *cartão* o con *multibanco*.

✓ No es muy común dejar **propinas** al tomar un café. En un restaurante suele redondearse, aunque con el estómago lleno, no está de más dejar una buena contribución.

✓ En los meses veraniegos, es básico **protegerse del sol y las altas temperaturas**, que en algunas zonas como Amareleja puede alcanzar los 45 ºC.

✓ Si se llega en vehículo desde España conviene poner **gasolina** antes de cruzar la frontera, ya que en Portugal es sensiblemente más cara. También se recomienda llenar el depósito en las grandes poblaciones para no depararse con la desgracia de no encontrar una estación de servicio en las carreteras regionales.

5 sitios para comer

✓ **O Adro**, en Pias (Serpa).

✓ **O Amândio**, en Ribeira da Azenha (Odemira).

✓ **Taberna Típica Quarta-Feira**, en Évora.

✓ **A Cadeia Quinhentista**, en Estremoz.

✓ **Tomba Lobos**, en Portalegre.

5 actividades

✓ Realizar un **crucero de un día o alquilar una embarcación** por el lago de Alqueva.

✓ Practicar el **surf** en las playas agrestes del Sudoeste Alentejano o en los extensos arenales del norte de Sines.

✓ **Observar aves salvajes** en los diversos parques naturales o en los aledaños de Castro Verde con el Centro de Educação Ambiental do Vale Gonçalinho.

✓ Disfrutar de la panorámica con un **paseo en globo**.

✓ **Escuchar el cante alentejano** en las varias bodegas populares repartidas por la región, si puede ser con la compañía de un buen vaso de **vino**.

10 cosas para regalar

✓ **Alfarería y cerámica** de São Pedro do Corval.
✓ **Muñecos de barro** de Estremoz.
✓ *Tapetes* (alfombras) de Arraiolos.
✓ **Tapicería** de Portalegre.
✓ **Muebles alentejanos** pintados a mano de Ferreira do Alentejo.
✓ **Objetos hechos con corcho**, como zapatillas, bolsos o figuras decorativas.
✓ **Queso** de Serpa, Évora o Nisa.
✓ **Vino** de las variadas bodegas alentejanas.
✓ **Aceite** de oliva elaborado en Moura.
✓ Un **capote alentejano**, ideal para protegerse del frío.

5 excelentes panorámicas

✓ **Cabo Sardão**.
✓ **Torre Fernandina**, en Elvas.
✓ **Azotea de la catedral de Évora**.

✓ **Mértola**.
✓ **Mirador de Juromenha**.

5 castillos con vistas

✓ **Monsaraz**.
✓ **Marvão**.
✓ **Castelo de Vide**.
✓ **Belver**.
✓ **Ouguela**.

5 playas de ensueño

✓ **Almograve**, en Odemira
✓ **Carvalhal**, en Odemira
✓ **Quinta do Alamal**, playa fluvial situada en Gavião, delante de Belver.
✓ **Playa de la Ilha do Pesseguiro**, en Porto Covo.
✓ **Playa de Melides**, en Grândola.

5 espacios naturales

✓ **Parque Natural de la Sierra de São Mamede**.
✓ **Parque Natural del Sudoeste Alentejano**.
✓ **Parque Natural del Vale do Guadiana**.
✓ **Parque de Natureza de Noudar**.

✓ **Reserva Natural del Estuario del Sado**.

10 libros

✓ José Contreras Valverde, *Évora y el Alentejo Central,* Guías Esenciales, 2011.
✓ José Saramago, *Viaje a Portugal,* Alfagüara, 2015.
✓ José Saramago, *Levantado del suelo,* Alfaguara, 2015.
✓ Vergílio Ferreira, *Aparición,* Cátedra, 1984.
✓ José Luís Peixoto, *Nadie nos mira,* El Aleph, 2013.
✓ Florbela Espanca, *Las espinas de la rosa,* Olifante, 2002.
✓ José Ramón Alonso de la Torre, *Un viaje por la Raya,* El Paseo, 2021
✓ VV.AA., *Poetas del Alentejo,* Shantarin, 2022.
✓ Manuel da Fonseca, *O Fogo e as Cinzas,* Caminho, 1993. (portugués)
✓ Rafael Vallbona, *Viatge a l'Alentejo,* Columna, 2002. (catalán)

▌Resto del Alentejo central

▌**VILA VIÇOSA (▶27)** ★★★

▌**BORBA** ★

Típica población alentejana de casas encaladas, donde el mármol también hace acto de presencia en algunas residencias debido a las canteras aledañas. Los domicilios más humildes se entremezclan con casas señoriales con rasgos barrocos de bella factura. La **iglesia matriz**, del siglo XV, el **convento das Servas** y el **Ayuntamiento,** del siglo XVII, y la **Fuente das Bicas,** del XVIII, son algunos de sus monumentos más destacados. Aunque lo que realmente llama la atención en esta tierra de bodegas, famosa por su feria del vino, son las castizas tabernas abarrotadas de discípulos de Baco. La tradición de ir a las tabernas a tomar unos vinos y picar algún *petisco* está muy arraigada en esta población. La oficina de turismo se encuentra en el Ayuntamiento.

✉ 55 km al NE de Évora
🛈 Turismo Borba:
Ayuntamiento. Avenida 25 de Abril
☎ 268 891 630
💻 turismo@cm-borba.pt

¿Sabías que...?
Antes de existir la autopista A6, que pasa por Évora y llega a Badajoz, eran muchos los portugueses que hacían una parada en Vendas Novas para deleitarse con sus famosas *bifanas,* un delicioso bocadillo de carne de cerdo. La afluencia ha disminuido, pero aún son muchos los que hacen el desvío para saborear este delicioso manjar popular.

▶ Todos los sábados por la mañana Estremoz tiene un animado mercado que ofrece los productos de su fértil suelo.

▌ ESTREMOZ ★★★

Grandes canteras de mármol rosa y blanco interrumpen el armonioso paisaje de viñedos y olivares. En una tierra de reyes y artistas, este mineral suave y elegante ha sido y aún es muy utilizado en la arquitectura cotidiana y se trata de una importante fuente de ingresos para sus habitantes. Ya ha pasado el tiempo en que los italianos compraban camiones de mármol que posteriormente vendían con el sello de «mármol de Carrara» a los países árabes. Sin embargo, su comercialización sigue siendo importante. La alfarería es una tradición muy arraigada en esta población, famosa por sus *Bonecos* (muñecos) de Estremoz.

Al entrar en esta localidad, candidata a Patrimonio de la Humanidad, se debe tener en cuenta que existe la **villa medieval,** situada en lo alto de la colina, y la **villa nueva,** ubicada en la zona baja.

Se recomienda comenzar por la zona baja, construida a lo largo del siglo XVIII y que ostenta varios palacios, iglesias, fuentes y casas señoriales. Algunos de los puntos de interés más destacados son la **iglesia dos Congregados,** que permite subir hasta los campanarios y alberga un **museo de arte sacro;** la **iglesia de**

✉ 46 km al NE de Évora
12 km al O de Borba
🛈 Turismo Estremoz: Rossio Marquês Pombal, 88 A
📞 268 339 227
🖥 turismo@cm-estremoz.pt

Iglesia de los Congregados
✉ Rossio Marquês de Pombal
🕐 De 9 h a 17.30 h. Cierra sáb.
💶 Barato

Centro Ciência Viva
✉ Convento das Maltezas
🕐 De 10 h a 18 h. De julio a septiembre, cierra el lunes
🖥 www.ccvestremoz.com
💶 Moderado

Museu Rural
✉ Rua João de Sousa Carvalho
🕐 De 9 h a 12.30 h y de 14 a 17.30 h. Cierra lunes
💶 Barato

Museu Regimento de Cavalaria n.º3
✉ Largo Dragões de Olivença
🕐 De 10 h a 12.30 h y de 14.30 h a 17 h
💶 Gratis

Museu Municipal Prof. Joaquim Vermelho
✉ Largo Dom Dinis
🕐 De 9 h a 12.30 h y de 14 h a 17.30 h. Cierra lunes
🖥 www.cm-estremoz.pt/ pagina/turismo/museu-municipal-de-estremoz-prof-joaquim-vermelho
💶 Barato

Museu Berardo Estremoz

✉ Largo Dragões de Olivença, 100

🕐 De 9 h a 17.30 en invierno; de 10 h a 19 h en verano. Cierra lunes

☎ 268 080 281

🌐 www. museuberardoestremoz.pt

São Francisco, una demostración de la importancia del mármol; el **convento das Maltesas,** que actualmente acoge el **Centro Ciência Viva,** con una didáctica exposición sobre la Tierra; el **Museu Rural,** que ilustra la vida cotidiana de los campesinos en el Alentejo y expone los famosos muñecos de barro; y el **Museu do Regimento de Cavalaria n.º 3,** que constata la importancia militar de este regimiento instalado en Estremoz durante 300 años. En la misma plaza, el reciente **Museu Berardo Estremoz,** expone una reseñable colección de azulejos.

Al subir al burgo medieval, la torre del homenaje preside la plaza del castillo. Llamada la **Torre das Três Coroas** (de las tres coronas) en honor a Sancho II, Afon-

▲ Extracción de mármol en las minas de Estremoz.

▶ La iglesia de São Francisco demuestra la importancia del mármol en esta localidad.

so III y Dinis I, los tres reyes que colaboraron en su construcción, tiene muchas semejanzas con la torre del homenaje de Beja, como el hecho de ser de planta rectangular y de poseer los matacanes del tercer piso. Para accederse a la torre se debe entrar por la Pousada de Portugal, que actualmente ocupa las antiguas dependencias reales. La **capilla de la Reina Santa Isabel,** alicatada de bellos azulejos, es digna de mención. En la plaza se encuentra una estatua en homenaje a esta reina beatificada en Portugal, que nació en Zaragoza en 1271 y falleció en Estremoz en 1336. El **Palacio Ducal,** con una bella columnata gótica, y la **Sala de Audiencias,** que actualmente acoge exposiciones temporales, también son dignos de mención, así como la **iglesia de Santa Maria,** levantada entre el siglo XVI y el XVII. En la plaza del castillo se puede visitar el **Museu Municipal Professor Joaquim Vermelho,** con una importante colección de arqueología y etnografía.

ÉVORAMONTE ★★

A unos 20 km de Estremoz y 30 km de Évora por la A6 se halla uno de los castillos más originales y apreciados de todo el Alentejo. Fue dentro de estas murallas, empezadas a construir en el reinado de Dinis I en 1306, que el 26 de mayo de 1834 se firmó la Convención de Évoramonte, una fecha crucial que determinó el fin de la guerra civil entre liberales y absolutistas. La calle empedrada que conduce a la **torre del homenaje**, con las casas encaladas y algunos portales señoriales, maravillará al visitante. Pero la verdadera joya es la torre, que tras sufrir daños por un terremoto fue proyectada por Diogo y Francisco de Arruda, con lo que son dignos de mención algunos trazos de la arquitectura manuelina, como los lazos de la fachada. Vale la pena subir hasta la azotea almenada para contemplar la Sierra de Ossa desde uno de los puntos más altos.

SIERRA DE OSSA ★

Es el principal pulmón verde del centro del Alentejo y un paraje ideal para paseos a pie o en bicicleta. A pesar del gran número de eucaliptos, también encontrará otras especies como el alcornoque, la encina, el madroño, el romero y la drosera, una planta insectívora en peligro de extinción. Las diversas variedades de pájaro carpintero maravillarán a los interesados en la ornitología. Los interesados podrán visitar el **Alto de São Gens**, el punto más alto de la sierra, el castillo de Évoramonte y el **convento de São Paulo**, que actualmente alberga un hotel. Para visitar este bello monumento del siglo XIV, con una rica colección de azulejos, dos fuentes de Florencia y cuidados jardines, basta con dirigirse a la recepción del hotel (telf. 266 989 160). Los antiguos ermitaños de la Orden de San Pablo Primer Eremita son los responsables de la construcción de unas cuevas artificiales ocultas entre la frondosidad. Los aficionados a la arqueología se sorprenderán con el **dolmen de Candeeira** (*anta da Candeeira*), en el municipio de Redondo, uno de los mejor conservados, que destaca por tener una pequeña ventana en una de las piedras que hacen de pared.

REDONDO ★★

Tierra conocida por la calidad del vino y las piezas de barro. Vale la pena detenerse en esta población tan apegada a sus tradiciones, donde el cante alentejano tiene un gran arraigo. Algunos de los monumentos más destacados son el **castillo**, con la muralla, las puertas y la torre del homenaje, y la **iglesia matriz**, con bonitos paneles de azulejos, un altar mayor de talla dorada y un pequeño museo de arte sacro. Nadie debería salir

✉ 30 km al NE de Évora

Castillo
🕐 De mié. a dom., de 10 h a 13 h y de 14 h a 18 h; en invierno hasta las 17 h; mar. solo tardes
💰 Barato

▲ Una calle adoquinada sube hacia el histórico castillo de Evoramonte.

✉ 37 km al E de Évora
ℹ Turismo Redondo: Praça da República
☎ 266 909 100
✉ museudovinho@cm-redondo.pt

Museu do Vinho
✉ Praça da República n.º 5/6
🕐 De 10 h a 12.30 h y de 14 h a 18 h en invierno
💰 Barato

Museu do Barro
- Alameda de Santo António.
- De 10 h a de 12.30 h y de 14 h a 18 h. Cierra lunes
- Barato

• • • • • • • • • •

- 15 km al NE de Redondo
- Turismo Alandroal: Praça da República
- 268 440 045
- pturismo.adl.dsscd@cm-alandroal.pt

▶ Castillo de Alandroal.

de Redondo sin adentrarse en el **Museu do Vinho,** en la plaza del Ayuntamiento, y el **Museu do Barro,** en el convento de Santo António. Para ser más exactos, nadie debería abandonar Redondo sin una pieza de alfarería bajo el brazo, el estómago lleno y el paladar anestesiado por un buen vino.

En los años impares, a principios de agosto, se celebra la **fiesta de las Ruas Floridas,** en el que las calles del centro se decoran con flores de papel convirtiendo esas fechas en un auténtico evento. Por último, si salimos de Redondo dirección Évora Monte, a 7 km encontramos **São Bento do Zambujal,** donde en una antigua escuela se encuentra instalado el **Ecomuseu de Redondo.** Este espacio permite, con reserva previa (tel. 266 989 216), una vista al aire libre por el rico patrimonio ambiental y arqueológico de la región.

❚ ALANDROAL ✳

Parece ser que su nombre procede del gran número de adelfas (*loendros* en portugués) que brotaban en estas tierras. Esta pequeña localidad se distingue a lo lejos gracias al castillo que corona la colina. Dentro de las **murallas,** con almenas acabadas en punta, se encuentra la **iglesia matriz** de Nossa Senhora da Conceição, patrona de Portugal. Al cierre de esta edición el interior del castillo se encontraba en obras. En la plaza que está delante del castillo se puede admirar una fuente de mármol de seis caños del siglo XVIII.

JUROMENHA ✳

A 16 km de Alandroal y 18 km de Elvas se encuentra esta pequeña población, que posee una de las fortificaciones fronterizas más destacadas debido al gran papel que asumió entre la Guerra de la Restauración Portuguesa y la Guerra Peninsular. A pesar de que el interior de las murallas no se encuentra en muy buen estado de conservación, merece la pena llegar hasta el mirador contiguo a las murallas para admirar el castillo, el río Guadiana, los campos extremeños y la población de Olivenza. Téngase en cuenta que no hay muchos bares abiertos, con lo que conviene ir prevenido.

☒ 16 km al E de Alandroal

Fortaleza
🕐 Siempre abierta
🎫 Gratis

TERENA ✳✳

A 10 km de Alandroal hacia el sur, esta pequeña aldea mantiene intacto su encanto. El casco antiguo, con una calle empedrada llena de flores que conduce al **castillo**, es un ejemplo del orgullo de sus moradores. La fortificación se empezó a construir en el reinado de João I, aunque la torre del homenaje y la puerta principal corresponden a Francisco y Diogo de Arruda, ya bajo las órdenes de Manuel I. El interior no se encuentra en muy buen estado de conservación.

A solo 2 km del burgo medieval encontrará un letrero que anuncia el **santuario de Nossa Senhora da Boa Nova**. Vale la pena hacer el desvío para maravillarse ante esta iglesia-fortaleza del siglo XIV. Destacan los matacanes y las almenas acabadas en punta, propios de la arquitectura militar.

☒ 10 km al sur de Alandroal
27 km al N de Monsaraz

▼ Santuario de
Nossa Senhora da Boa Nova.

ARRAIOLOS ✳✳

Esta pictórica villa alentejana puede presumir de estar coronada con un insólito **castillo** de muralla circular. Intramuros se pueden admirar las **ruinas del Paço dos Alcaides** y la **iglesia do Salvador**, del siglo XVII. Las calles empedradas con casas blancas decoradas con zócalos añiles y ocres remiten a la esencia arquitectónica de esta región.

Ya en la zona baja, cerca de la plaza del Ayuntamiento, vale la pena detenerse en la **iglesia matriz** y en la **iglesia da Misericórdia**, del siglo XVIII. Si se tiene la suerte de entrar en esta última, se pueden admirar el imponente altar mayor de talla dorada y los bellos azulejos que forran las paredes laterales. Dentro del Ayuntamiento se puede visitar el **Centro Interpretativo do Tapete de Arraiolos**, con una colección de arte sacro, tapicería y pintura del artista modernista local Dórdio Gomes. En las afueras, el **convento dos Lóios** (o de N.ª Sr.ª da Assunção) alberga una Pousada, pero permite visitar la preciosa iglesia del siglo XVI.

☒ 16 km al E de Alandroal
ℹ Turismo Arraiolos: Praça do Município
📞 Telf. 266 490 254
✉ turismo@cm-arraiolos.pt

C. I. do Tapete de Arraiolos
☒ Praça do Município
🕐 De 10 h a 13 h y de 14 h a 18 h. Cierra lunes
🌐 www.tapetedearraiolos.pt
🎫 Barato

▲ Calle de Arraiolos durante la fiesta de las alfombras.

Aparte del castillo, la gran insignia de esta auténtica población son las alfombras (*tapetes* en portugués). A principios de junio se celebra la reconocida fiesta **O Tapete está na Rua**, en que varias calles se decoran con bonitas alfombras manufacturadas. Parece ser que este arte se remonta al siglo XVII y sus orígenes provienen de la herencia dejada por bordadoras orientales que al ser expulsadas de Lisboa se instalaron en Arraiolos y fueron bien acogidas por la población local. Otra teoría es que empezó a practicarse en los conventos locales.

✉ 18 km al N de Évora

✉ 40 km al N de Évora
12 km al NE de Évoramonte

C. I. do Mundo Rural
✉ Largo Prof. Doutor José Caeiro da Matta
⏲ De 10 h a 13 h y de 14 h a 18 h. De miér. a dom.
📞 www.cimr.pt
✉ Barato

▍IGREJINHA ✳

A unos 10 km al este de Arraiolos, esta población de menos de mil habitantes es una de las más pintorescas del Alentejo y un buen lugar para descubrir la arquitectura tradicional y las arraigadas tradiciones que mantienen viva la memoria de sus moradores. Como su nombre indica, se puede visitar la **iglesia parroquial** de Igrejinha, dedicada a Nossa Senhora da Consolação.

▍VIMIEIRO ✳

A unos 20 km al noreste de Arraiolos, se llega a Vimieiro, que tiene una imponente **iglesia matriz** y el **Palácio dos Condes de Vimieiro**, que fue un importante punto de encuentro de los poetas portugueses de la Nova Arcádia, movimiento literario al que, entre otros, perteneció Bocage. Actualmente se encuentra en proceso de rehabilitación y está previsto que acoja un museo. Tampoco tiene desperdicio el **Centro Interpretativo do Mundo Rural**, una muestra panorámica de la historia de los campesinos en el Alentejo y las arduas condiciones que soportaron para sobrevivir.

I MORA ✱

Esta población ostenta el primer gran acuario de agua dulce de Europa. Lógicamente, no se puede comparar con otros acuarios de mayores dimensiones como el Oceanário de Lisboa, pero puede resultar interesante no solo para los biólogos. El **Fluviário**, que cuenta con un bar, un restaurante y una tienda, integra el Parque Ecológico do Açude do Gameiro, donde también se encuentra una playa fluvial, un *camping*, un parque de meriendas y un club náutico. Asimismo, el **Museu Interactivo do Megalitismo**, inaugurado en 2016 y único a nivel nacional, expone el riquísimo patrimonio megalítico del municipio.

I BROTAS ✱

A 10 km de Mora hacia el sur se puede parar en esta pequeña población para admirar la **iglesia de Nossa Senhora das Brotas**, Monumento Nacional desde 1956. Fue construida entre los siglos XVI y XVIII y es de estilo manuelino y barroco. Destaca el exonártex de la fachada. Para visitar su interior hay que pedir la llave a los vecinos. A 2 km de Brotas, por un camino en mal estado, por lo que se recomienda ir a pie o conducir con mucha precaución, se puede visitar la antigua villa medieval de Águias. La **Torre das Águias** es un portentoso edificio de estilo manuelino, como lo demuestran las garitas cónicas del tejado. Sorprende que un monumento de esta magnitud se encuentre en tan deplorables condiciones, aunque quizás ese aspecto ruin de un esplendor caduco le aporte un encanto añadido.

I PAVIA ✱

Al entrar en esta pequeña población, a 15 km de Mora, sorprende (¡y de qué manera!) un imponente dolmen en la plaza principal que fue reaprovechado como capilla. Así el *anta* (dolmen) de Pavia pasó a ser la **capilla de São Dinis**, aunque todo el mundo la conozca como la *anta-capela*.

El **Museu Manuel Ribeiro de Pavia** recoge el legado pictórico de uno de los ilustradores neorrealistas, oriundo de esta tierra, que mejor supo interpretar el Alentejo. El dibujo *Cabeça de Ceifeira* (Cabeza de segadora) es una de sus obras más reconocidas.

· · · · · · · ·

- ✉ 41 km al N de Montemor-o-Novo. 15 km al NO de Pavia
- ℹ Turismo Mora: Praça Conselheiro Fernando Sousa
- ☎ 266 439 079
- ✉ turismo@cm-mora.pt

Fluviário
- ✉ Parque Ecológico do Gameiro. A 6 km de Mora
- ⏰ De 10 h a 18.30 h en verano
- 🌐 www.fluviariomora.pt
- 💶 Moderado

Museu Interactivo do Megalitismo
- ✉ Rua da Estação
- ⏰ De 10 h a 12.30 h y de 13.30 h a 17 h. Cierra lunes
- ☎ 266 439 074
- 🌐 www.museumegalitismomora.pt
- 💶 Barato

· · · · · · · ·

- ✉ 10 km al S de Mora

· · · · · · · ·

- ✉ 45 km al N de Évora 15 km al SE de Mora

Casa Museu Manuel Ribeiro de Pavia
- ✉ Largo dos Combatentes da Grande Guerra, 1
- ⏰ Conviene confirmar el horario llamando al teléfono: 266 450 059
- 💶 Gratis

La ruta prehistórica

Distancia
105 km

Duración
1-2 días

Punto de inicio
Montemor-o-Novo

Punto de llegada
Monsaraz

▼ Arriba, Anta grande do Zambujeiro. Abajo, Anta-capela de Nossa Srª do Livramento.

▌ Iniciaremos el recorrido en **Montemor-o-Novo** (▶59), donde podremos visitar el Núcleo arqueológico del Convento de São Domingos, una buena manera de introducirnos en los vestigios prehistóricos del Alentejo.

Tomaremos la N2 hacia el sur y, a 15 km, en **Santiago do Escoural** (▶59) visitaremos el Centro de Interpretação de Escoural y, a continuación, ya fuera de la población, la Gruta de Escoural, con pinturas rupestres pertenecientes al Paleolítico.

▌ Regresaremos hasta Santiago do Escoural y nos encaminaremos hacia São Brissos (dirección Valverde), donde podremos apreciar la impresionante **Anta-capela de Nossa Sr.ª do Livramento,** también conocida como de São Brissos.

Se trata de un dolmen del siglo IV o III a.C que en el siglo XVII fue reconvertido en una capilla. Es Monumento Nacional desde 1910. A diferencia de la capilla-dolmen de Pavia, en este caso las piedras están pintadas de blanco y azul.

▌ Una vez lleguemos a Valverde, visitaremos la **Anta grande do Zambujeiro.** Se trata de uno de los dólmenes más grandes de la Península Ibérica y fue construido entre el 4000 y el 3500 a.C., parece ser que con funciones funerarias y de culto religioso.

Regresaremos a Valverde y, por la misma carretera, continuaremos en dirección a Guadalupe, donde tras recorrer a pie un sendero llegaremos hasta el **Menhir de los Almendres.** Bastará con seguir las indicaciones para llegar al **Crómlech de los Almendres** (▶26). Este monumento megalítico es uno de los más impresionantes de todo el país.

▌ Desde Guadalupe, seguiremos las indicaciones hacia **Évora** (▶43) y tomaremos la N114. Dentro de Évora visitaremos el **Megalithica Ebora-Centro Interpretativo del Convento dos Remédios,** situado en la Avenida de São Sebastião, justo delante del cementerio.

Tras haber comido en alguno de sus suculentos restaurantes proseguiremos el viaje por la N256 hacia **Monsaraz** (▶29), a unos 56 km.

▌ Por esta zona se encuentra un importante conjunto megalítico, entre los que destacan la Rocha dos Namorados, cerca de São Pedro do Corval, las dos Antas (dólmenes) de Olival da Pega, los Menhires de Belhoa y de Outeiro, y el impactante Crómlech de Xerez. En Monsaraz se encontrará información para lograr encontrar los vestigios de esta zona.

I MONTEMOR-O-NOVO   ✳

A unos 25 km de Vendas Novas y 30 km de Évora se encuentra esta pequeña ciudad coronada por un bonito **castillo**. Parece ser que dentro de sus murallas Vasco da Gama planeó el gran viaje que lo llevaría a la India.

Por su importante actividad comercial, la ciudad tuvo un papel importante en los siglos XV y XVI, así como en la Guerra de Restauración portuguesa y en las invasiones napoleónicas.

Una de las personalidades más ilustres de que ha dado esta ciudad fue San Juan de Dios, fundador de un hospital en Granada y de la consiguiente Orden Hospitalaria de San Juan de Dios. La herencia religiosa en Montemor-o-Novo es significativa, ya que se localizan varias iglesias y ocho conventos. Además del castillo y las murallas, algunos de los monumentos más reseñables son el **convento de São Domingos**, que además de ostentar bonitos azulejos en la iglesia alberga un **Núcleo Museológico** con piezas de arte sacro, etnografía, alfarería, tauromaquia y arqueología; y el **convento de Nossa Senhora da Saudação**, que inicialmente fue un convento femenino fundado en el año 1506 bajo el reinado de Manuel I ocupado por monjas dominicas.

Si se va con niños, se puede hacer una visita al **Monte Selvagem, Reserva Animal**, un espacio pedagógico ideal para que los más pequeños entren en contacto con los animales y la naturaleza.

I SANTIAGO DO ESCOURAL   ✳✳

A 15 km hacia el sur de Montemor-o-Novo se halla esta bonita población que puede presumir de tener en sus aledaños la **Gruta do Escoural**, con vestigios de más de 50.000 años, del Paleolítico Medio. Deben destacarse las pinturas rupestres con representaciones zoomórficas y geométricas pertenecientes al Paleolítico Superior, que denotan la presencia de un santuario, así como la necrópolis del Neolítico. En el exterior puede distinguirse un santuario rupestre del Neolítico y un poblado de la Edad de Cobre. A pocos metros se puede observar el Tholos, un destacado monumento funerario.

A unos 6 km se halla el **anta-capela do Livramento** (o de São Brissos, por encontrarse cerca de esta población). Este dolmen fue reaprovechado para hacer una capilla, pero, a diferencia del de Pavia, en este caso pintaron la piedra de blanco con el zócalo azul siguiendo los parámetros de la arquitectura propiamente alentejana. Vale la pena hacer un desvío en el viaje y visitarlo.

•••••••••

- 🔲 30 km al O de Évora
- ℹ️ Turismo Montemor-o-Novo: Largo Calouste Gulbenkian
- 📞 266 898 103
- ✉️ turismo@cm-montemornovo.pt

Núcleo Museológico (convento de S. Domingos)
- 🔲 Largo Professor Dr. Banha de Andrade
- 🕐 De 10 h a 12.30 h y de 14 h a 17.30 h. Cierra lunes
- 💶 Barato

Monte Selvagem
- 🔲 Monte do Azinhal, Lavre.
- 🕐 De feb. a oct., de 10 h a 17 h Cierra lunes
- 💻 www.monteselvagem.pt
- 💶 Moderado

•••••••••

- 🔲 15 km al S de Montemor-o-Novo

Centro Interpretativo de la Gruta do Escoural
- 🕐 En verano, de 9.30 h a 13 h y de 14.30 a 18 h. En invierno, de 9 h a 13 h y de 14 h a 17 h. Cierra lun. y dom. Visita a la gruta a las 10.30 h y las 14.30 h, con reserva previa de más de 24 h y un máximo de 10 personas
- 📞 266 857 000

✉ 34 km al SO de Évora. 18
km al S de Santiago do
Escoural

ℹ Turismo Alcáçovas: Praça
da República

☎ 266 930 028

📧 pacohenriques@cm-
vianadoalentejo.pt

Junta de Freguesia
☎ 266 954 181

▶ Peregrinación a caballo
hacia el Santuario de Nossa
Senhora de Aires, en las
proximidades de Viana
do Alentejo.

▌ ALCÁÇOVAS   ✱

Esta antigua villa, que actualmente es una *freguesia* de Viana do Alentejo, fue la sede del Tratado de Alcáçovas en 1479, firmado por el rey Afonso V de Portugal y su hijo João II, *el Príncipe Perfecto*. Un año más tarde los Reyes Católicos lo ratificarían en Toledo. Esta firma significó la paz de la Guerra de Sucesión Castellana y entre otros acuerdos se determinó la repartición de las tierras del Atlántico, entre las cuales las Canarias pasaron a pertenecer a la corona castellana. Más recientemente, en el cercano Monte do Sobral, se reunieron los Capitanes de Abril para ultimar la Revolución de los Claveles.

Uno de los alicientes para visitar esta población es la **curiosa capilla de Nossa Senhora da Conceição**, también conocida como capilla de las conchas. El nombre se debe a que el frontón de la fachada y algunas paredes del interior están decorados con conchas de moluscos. Para visitar el interior se debe contactar con la Junta de Freguesia.

Se trata de una tierra conocida por la fabricación de cencerros (*chocalhos*). A finales del siglo xix había más de 20 cencerreros. Anualmente se celebra la **Feira do Chocalho** durante la tercera semana de julio.

▌ VIANA DO ALENTEJO   ✱✱

Viana puede presumir de sus *olarias* (alfarerías) y dulces conventuales, pero sin lugar a dudas nadie debería visitarla sin adentrarse en el **castillo** y la **iglesia matriz**

que se oculta intramuros. Esta fortificación se remonta al reinado de Dinis I, a principios del siglo XIV. La muralla tiene planta pentagonal y se caracteriza por los torreones cónicos ubicados en los vértices, con algunos trazos moriscos y manuelinos. Tanto el castillo como la iglesia son Monumento Nacional desde 1910. Tras cruzar la puerta de acceso al castillo, a la izquierda se hallan los antiguos Paços do Concelho, donde está la taquilla, el punto de información turística y una tienda de recuerdos.

A la derecha, la antigua **iglesia da Misericórdia**, del siglo XVII, sorprende por la belleza de los azulejos que decoran sus paredes. Construida entre finales del siglo XV y principios del XVI, la **iglesia matriz de Nossa Senhora da Anunciação** es uno de los más bellos ejemplos del estilo manuelino de Portugal y su autoría se atribuye a Diogo de Arruda. Los pináculos cónicos y los merlones que recorren la parte superior de los muros delatan la influencia mudéjar en esta corriente arquitectónica portuguesa del gótico tardío. Destaca el portal principal de la iglesia, una verdadera obra de arte cargada de simbolismo. El interior, de tres naves, infunde una sensación de grandeza que rememora la época esplendorosa del reinado de Manuel I (1495-1521). El altar en talla dorada (siglo XVI) de la capilla mayor, la capilla de los Reyes o el retablo también en talla dorada de la capilla de las Almas no tienen desperdicio.

✉ 18 km al SE de Alcáçovas. 31 km al S de Évora

🛈 Turismo Viana do Alentejo: Castelo D. Dinis.

☎ 266 930 012

🖅 turismo@
cm-vianadoalentejo.pt

Castillo e iglesia

🕐 De oct. a mar., de 9.30 h a 13 h y de 14 a 17.30 h; y de abr. a sep., de 10 a 13 h y de 14 a 18 h

💳 Barato

**Santuário
de Nossa Senhora de Aires**

🕐 De 9 h a 18.30 h. Cierra lunes

💳 Gratis

▼ Portada de la Iglesia Matriz.

UN PASEO EN COCHE

El embalse de Alqueva

Distancia
110 km

Duración
1-2 días

Punto de inicio
Amieira

Punto de llegada
Moura

▌Partiremos de **Amieira Marina** (▶64), que se encuentra a 15 km de Portel por una carretera regional, a 60 km de Beja por la IP2/E-802 y a 56 km de Évora por la N18 y la IP2/E-802.

En **Amieira Marina** se halla la sede de las Terras do Grande Lago de Alqueva y se puede solicitar la información necesaria. Si se desea, se puede aparcar el coche y optar por un paseo en barco, practicar algún deporte acuático o, incluso, alquilar una embarcación en grupo para pernoctar y navegar sin prisas por uno de los lagos artificiales más grandes de Europa. Otra opción es relajarse tomando una bebida en la terraza con vistas del bar.

▌Proseguiremos el camino por la N255 y, tras pasar São Marcos do Campo y Cumeada, llegaremos a **Reguengos de Monsaraz** (▶65).

Los amantes del enoturismo y del buen aceite no deberían perder la oportunidad de hacer una visita guiada en la **Herdade do Esporão,** a la que se accede por un desvío a la izquierda de la N255 antes de llegar a Reguengos de Monsaraz.

▌Continuaremos dirección Monsaraz, pero no lo haremos por la N256, sino que nos desviaremos por una carretera regional para hacer una parada en **São Pedro do Corval** (▶65), a unos 7 km.

Esta pequeña localidad aúna un gran número de alfarerías y esta considerada la capital ibérica del barro. Es un buen lugar para deleitarnos comprando algún recuerdo hecho a mano.

▌Tras recorrer 14 km más, llegaremos a **Monsaraz** (▶29), la joya más lustrosa de este recorrido.

Pasear por las calles floreadas, empedradas de pizarra y con casitas blancas encaladas es un buen método para aislarse del gran bullicio urbano. Pero si además subimos al castillo y contemplamos desde allí la inmensidad del embalse de Alqueva, las vistas son de cortar la respiración.

▌Si salimos de Monsaraz en dirección a la playa fluvial, encontraremos el **Observatório do Lago de Alqueva** (Courela da Coutada, CM1127, telf. 960 361 906, olagoalqueva.pt), que organiza sesiones de observaciones astronómicas. Hay que decir que es uno de los mejores lugares de Europa para contemplar las estrelles gracias a la escasa contaminación lumínica de su entorno. Tomaremos la N256 dirección **Mourão** (▶65), donde podremos subir al castillo o saborear sus manjares en alguna de sus recomendables tascas.

▼ El Observatório do Lago de Alqueva es uno de los mejores lugares de Europa para observar las estrellas.

Al salir de Mourão, debemos tomar una carretera regional dirección Luz o Póvoa de São Miguel. Ojo con no confundirse con la que lleva a Granja o Amareleja, dos poblaciones con vinos soberbios. A unos 10 km, tomaremos un desvío a la derecha hacia Luz, a veces indicada como **Aldeia da Luz** (▶65).

▌ Esta aldea fue reconstruida completamente tras la construcción del embalse de Alqueva y fue una de las consecuencias más trágicas de esta magnánima obra de ingeniería. Se recomienda visitar el Museu da Luz, que recoge la memoria histórica de sus gentes.

Al volver a la misma carretera regional proseguiremos dirección Póvoa de São Miguel. Si se dispone de apetito y tiempo, haremos una parada en **Estrela** (▶92) para comer en la Associação de Moradores da Aldeia da Estrela.

▌ Tras el embalse de Alqueva, esta población se convirtió en una pequeña península bañada por las aguas del lago y la terraza de este restaurante ofrece una preciosa panorámica.

Concluiremos nuestro viaje atravesando Póvoa de São Miguel y, al llegar a la N255, la tomaremos en dirección a **Moura** (▶91).

▌ Merece la pena pernoctar en Moura para poder abarcar la esencia de esta encantadora población de interior muy rica en vestigios y conocida por la calidad de sus vinos, quesos y aceites.

▼ Playa fluvial en el lago Alqueva, cerca de Amieira.

En las proximidades de Viana do Alentejo, se recomienda visitar el **Santuario de Nossa Senhora de Aires**, una iglesia de peregrinación de estilo barroco del siglo XVIII, construido sobre los cimientos de otro templo del XVI. Este monumento de tan grandes dimensiones sorprende por encontrarse en una zona prácticamente yerma.

❙ PORTEL ✱

Situada entre Évora y Beja, esta localidad de unos 6.000 habitantes ha adquirido a lo largo de la historia cierta importancia política y económica. Se caracteriza por un paisaje colmado de grandes extensiones de encinas y alcornoques, conocidas como *montados*, y por su cercanía del embalse de Alqueva y la albufera de Alvito. El **castillo** que se alza en lo alto de la población es la joya de Portel. En la plaza del Ayuntamiento, cerca de las puertas de acceso a la fortificación, se erige una estatua ecuestre del santo condestable Nuno Álvares Pereira, que conquistó la villa en 1384 cuando ésta tomó partido de la corona de Castilla. En la misma plaza se podrá visitar la **capilla de Santo António**, habilitada para sala de exposiciones. La **iglesia matriz**, dedicada a Nossa Senhora da Lagoa, ostenta en la capilla mayor obras de la pintora Maria Toscano Rico.

❙ AMIEIRA ✱✱

Cuando se llega a Amieira, delante de una rotonda, una bonita plaza de toros y una estatua de los admirados *forcados* dan la bienvenida al visitante. Desde allí, se puede optar por adentrarse en la población o bien ir hasta **Amieira Marina**, el principal puerto fluvial del **embalse de Alqueva**. Cuando en 2002 se concluyó esta magna obra de ingeniería, de la que resultó el mayor lago artificial de Europa, la oferta turística de Amieira se multiplicó exponencialmente. Se puede optar por realizar un crucero con un máximo de dos horas y media por el Guadiana (algunos van hasta la bonita villa de Monsaraz), practicar deportes acuáticos como piragüismo e, incluso, alquilar un barco-casa para navegar sin prisas por este lago de aguas mansas.

✉ 41 km al SE de Évora
29 km al E de Viana do Alentejo

🛈 Turismo Portel: Rua de Santiago, 32

☎ 266 619 032

🖱 turismo@portel.pt

Castillo

⌚ De oct. a mar., de 9 h a 12.30 h y de 14 h a 17.30 h; y de abr. a sep., de 9.30 h a 13 h y de 15 h a 18.30 h

✉ 15 km al E de Portel.
60 km al SE de Évora

Amieira Marina

🖱 www.amieiramarina.com

☎ 266 611 173; 934 343 567

▼ Estatua dedicada a los *forcados* delante de la plaza de toros de Amieira.

▶ Amieira Marina.

MOURÃO ✱

Esta pequeña villa típicamente alentejana, con las casas encaladas y los zócalos pintados, ganó mucho encanto con la instalación del embalse de Alqueva. Vale la pena subir al **castillo**, que, pese a no estar en un óptimo estado de conservación, regala unas vistas maravillosas del lago y las extensas llanuras. Quizás al adentrarse en alguna de sus **tabernas** se podrá apreciar uno de los estandartes de la cultura popular del Alentejo, el cante alentejano, declarado Patrimonio Cultural Inmaterial de la Humanidad por la Unesco en 2014.

- 60 km al SE de Évora
16 km al SE de Monsaraz
- Turismo Mourão: Largo das Portas de S. Bento
- 266 560 010
- postodeturismo@cm-mourao.pt

ALDEIA DA LUZ ✱

Una de las consecuencias más trágicas de la construcción del embalse de Alqueva fue el hecho de tener que sumergir esta histórica aldea. En el 2002 sus habitantes fueron realojados en una nueva población proyectada a escasos metros de la anterior con la misma estructura funcional.

El **Museu da Luz** ensalza las memorias y la identidad de esta población y todas las fases que sufrió tras la proyección de uno de los mayores lagos artificiales de Europa. Además, realiza residencias artísticas.

- 9 km al SO de Mourão.
36 km al N de Moura

Museu da Luz
- Largo da Igreja de Nossa Senhora da Luz
- 266 569 257
- www.museudaluz.org.pt
- Sept-jun., de 9.30 h a 13 h y de 14.30 h a 17.30 h; jul. y ago., de 10 h a 13 h y de 14.30 h a 18.30 h. Cierra lunes
- Barato

REGUENGOS DE MONSARAZ ✱

En la plaza del Ayuntamiento el visitante puede admirar una bonita **iglesia matriz** de estilo neomanuelino. Curiosamente, fue construida entre 1887 y 1912 por António José Dias da Silva, autor de la plaza de toros neomorisca de Campo Pequeno, todo un emblema de la ciudad de Lisboa. Este templo fue levantado sobre otro del siglo XVIII, y en su interior se pueden admirar algunos vestigios de entonces, como un retablo de talla barroca con la imagen de Santa Bárbara o, en el coro alto, un órgano proveniente del convento das Maltesas de Estremoz.

En los alrededores se puede visitar la **Herdade do Esporão**, famosa por la calidad de sus vinos y aceites. Se trata de uno de los mejores lugares del Alentejo para disfrutar del enoturismo y de la buena gastronomía.

- 40 km al SE de Évora.
17 km al O de Monsaraz
- Turismo Reguengos de Monsaraz: Av. António José de Almeida (Mercado Municipal)
- 266 508 052
- turismo@cm-reguengos-monsaraz.pt

MONSARAZ (▶29) ✱✱✱

SÃO PEDRO DO CORVAL ✱

Entre Reguengos de Monsaraz y la preciosa villa de Monsaraz, se recomienda hacer una parada en São Pedro do Corval, considerada la capital ibérica del barro. Esta pequeña población se caracteriza por el gran número de **alfarerías** que abarrotan su calle principal. Una parada obligatoria para regresar con un buen recuerdo hecho a mano.

¿Sabías que...?
La Festa Ibérica da Olaria e do Barro (FIOBAR) es un evento transfronterizo que une desde hace dos décadas los dos mayores centros alfareros de la Península Ibérica: São Pedro do Corval y Salvatierra de Los Barros.

El **norte** del **Alentejo**

Esta zona del Alentejo se caracteriza por los alcornoques descorchados, los grandes terrenos con casas de campo heredadas de un pasado latifundista y el paisaje verde y montañoso del Parque Natural de la Sierra de São Mamede, que contrasta con las llanuras doradas de trigales. Pese a no tratarse del área más cálida, algunos embalses como los de Caia, Montargil y Maranhão ayudan a sofocar las altas temperaturas al permitir bañarse y practicar deportes acuáticos. Las playas fluviales y las termas son otras dos buenas opciones. Los amantes de los caballos pueden disfrutar del centro hípico más antiguo del país. Los imponentes castillos, los monumentos megalíticos, la arquitectura señorial, las fiestas típicas fieles a sus tradiciones y un pasado rezumante de historia garantizan un turismo de calidad.

Elvas

A 20 km de Badajoz, Elvas es la puerta de acceso a Portugal por la A6. El patrimonio militar de esta población es notable. Basta con decir que actualmente es la ciudad con la fortificación abaluartada terrestre más grande del mundo, que circunda todo el centro histórico. Inaugurada por el rey Sancho II, comprende un perímetro de unos 9 km y una zona de 300 hectáreas. Por dicho motivo, la Unesco calificó en 2012 el conjunto de sus fortificaciones como Patrimonio Mundial de la Humanidad.

El pasado militar de Elvas está íntimamente relacionado con su posición estratégica. A lo largo de la historia la ciudad resistió a múltiples invasiones. Prueba de ello son las cuatro cortinas de muralla que circundan la población: dos islámicas, una del siglo XIV y la fortificación abaluartada del siglo XVII. Asimismo, la construcción del Fuerte de Santa Luzia, el Fuerte da Graça, a unos 2 km, y otros fortines atestiguan las arduas luchas que vivió la ciudad, que llegó a tener más de 15.000 militares.

La abundante arquitectura religiosa no deja nada que desear. Con veinte iglesias y seis conventos, el culto católico quedó más que asegurado. Algunos de los templos ostentan una gran riqueza arquitectónica, como la **iglesia das Dominicas**, el **convento de São Domingos** o **la iglesia de la Orden Tercera de São Francisco**.

Pero el gran emblema de Elvas forma parte del patrimonio civil. El Acueducto da Amoreira da la bienvenida a los visitantes y sus dimensiones resultan asombrosas. El *pelourinho* (picota) aún conserva los cuatro ganchos en los que se ataban a los reos que iban a ser torturados.

Actualmente, Elvas tiene unos 22.000 habitantes. Su ubicación fronteriza hace que esté hermanada con Badajoz y Olivenza. Hace unos años eran muchos los españoles que cruzaban la frontera y abarrotaban sus calles en busca de toallas y sábanas debido a la buena calidad de los tejidos y a los precios más bajos. *El Corte Inglés* de Badajoz acabó con esa costumbre e invirtió los papeles. Pero Elvas tiene demasiado para ofrecer a sus visitantes. Además del patrimonio arquitectónico, las arraigadas tradiciones y el comercio tradicional, no se debe dejar de lado la rica gastronomía. Los más golosos no deberían perder la ocasión de probar la *sericaia* y las *ameixas* de Elvas, ciruelas confitadas que se hicieron famosas al ser el dulce preferido de la escritora Agatha Christie.

Estación de autobuses
Rua do Património
268 622 875
Aeropuerto de Badajoz
Ctra. Badajoz-Balboa, s/n
Telf. 913 211 000
Turismo Elvas:
Praça da República
268 622 236
turismo@cm-elvas.pt

▼ Arriba, calle típica de la localidad. Abajo, arco a la entrada del casco antiguo.

LO QUE HAY QUE VER EN ELVAS

▌ACUEDUCTO DA AMOREIRA ★★★

Con más de 8 km de largo, 834 arcos y 31 metros de altura, se trata del mayor acueducto de la Península Ibérica. Está clasificado como Monumento Nacional desde 1910 y es todo un símbolo para la ciudad de Elvas. La construcción se llevó a cabo con algunas interrupciones entre 1537 y 1622. João III designó para proyectar la obra a Francisco de Arruda, arquitecto consagrado que también fue autor de la Torre de Belém de Lisboa y el Acueducto de Água da Prata de Évora.

▼ El auténtico símbolo de la ciudad es el acueducto de Amoreira, el más grande de la Península Ibérica.

✉ Parada do Castelo
🕘 De 9.30 h a 13 h y de 14 h a 17 h. Cierra lunes
💲 Barato

▌CASTILLO ★★

Está considerado como uno de los mejores ejemplos para comprender la evolución de la arquitectura militar en Portugal. Monumento Nacional desde 1910, fue construido en el corto periodo de 1226 y 1228 por orden de Sancho II. Parece ser que se levantó sobre la estructura de una fortificación musulmana, aunque también es cierto que en la misma área se encontraron vestigios de un castro celta, del imperio romano y de los visigodos. Solo se puede visitar los días laborables.

▌MURALLAS ★★★

Elvas contiene cuatro murallas. La primera y la segunda pertenecen al periodo islámico y fueron construidas entre los siglos VIII y XI. La tercera, conocida como muralla fernandina, data del siglo XIV, cuando Elvas ya había desbordado el perímetro de las cercas islámicas. La incipiente guerra con Castilla supuso la creación de esta muralla, primero bajo el mandato de Afonso IV y después de Fernando I. Se extiende a lo largo de 2.200 metros y comprende un área de cerca de 30 hectáreas, ya que también incluía campos de cultivo. La construcción original poseía 22 torres y 11 puertas, aunque lo cierto es que restan pocos vestigios, ya que la posterior muralla del siglo XVII se levantó en gran parte sobre la vieja estructura fernandina.

A mediados del siglo XVII, a consecuencia de la Guerra de Restauración portuguesa, se alzó una nueva muralla sobre la misma base para garantizar la seguridad ante las modernas piezas de artillería. El matemático Joannes Cieremans fue el principal responsable de la construcción y dejó una joya arquitectónica al seguir los métodos de fortificación holandeses.

▲ Otro de los lugares que atrae las miradas en Elvas es el *Pelourinho*, utilizado para atar a los reos.

❙ TORRE FERNANDINA ✶✶
Aparte de ofrecer una de las mejores vistas panorámicas de la ciudad a los que se atrevan a subir hasta la azotea por la escarpada escalera de caracol, este monumento acoge una pequeña exposición permanente sobre «Las Murallas de Elvas», muy útil para entender la trascendencia militar de la ciudad a lo largo de la historia. A partir de finales del siglo XV ejerció la función de cárcel.

✉ Rua da Cadeia
🕐 En el cierre de esta edición se encontraba cerrada temporalmente. Se recomienda informarse en la oficina de turismo.

❙ MUSEU MILITAR DE ELVAS ✶
Situado en el convento de São Domingos y en los Cuarteles del Caserón, este espacio inaugurado en 2009 pretende preservar el acervo militar de la ciudad. Dispone de varias salas de exposiciones, dedicadas al servicio de medicina del ejército, a vehículos tácticos y blindados, y a carrozas y arreos. Destaca el primer carro de combate del país y una serie de videos que resumen las continuas confrontaciones en las que se enzarzó la ciudad.

✉ Largo de São Domingos
🕐 Abr-oct.: de 10 h a 12.30 h y de 14.30 h a 19 h. Nov-mar.: de 9.30 h a 12.30 h y de 14.30 h a 17.30 h. Cierra lunes
🎫 Barato

❙ FUERTES ✶✶✶
El **Fuerte de Santa Luzia** y el **Fuerte da Graça** son otras dos muestras de la supremacía militar de Elvas a lo largo de las continuas invasiones. El primero, del siglo XVII, también fue diseñado por el holandés Cieremans, conocido en Portugal como João Cosmander. En su interior alberga un museo con aplicaciones multimedia y armería. Merece la pena visitar el pasillo secreto que unía el fuerte con el centro de la ciudad. En el caso del Fuerte da Graça, se trata de la mayor construcción militar portuguesa del siglo XVIII, proyectada por el ingeniero francés Valleré.

Museu Militar del Forte de Santa Luzia
✉ Avenida de Badajoz
🕐 De 10 h a 17 h en invierno, hasta las 18 h en verano. Cierra lunes
🎫 Barato

Forte da Graça
✉ Aláçova
🕐 De 10 h a 17 h en invierno, hasta las 18 h en verano. Cierra lunes
🎫 Moderado

❙ IGLESIA DE NOSSA SENHORA DA ASSUNÇÃO ✶✶
Construida en 1517 por Francisco de Arruda sobre una iglesia gótica, sufrió varias reformas en el siglo XVII. También se la conoce como «Sé» o «Antigua Sé», ya que tuvo la

✉ Praça da República

función de catedral entre 1570 y 1880, periodo en el que Elvas recibió y perdió la categoría de diócesis. Se encuentra en la Praça da República, en el otro extremo del punto de información turística. De su interior, destaca el altar mayor realizado con mármol de Estremoz. La planta es de tres naves y conforme con el proyecto original contiene varios elementos de la arquitectura manuelina, como los arcos ojivales rematados en nudos. También destacan las almenas de las fachadas laterales y una imponente puerta de estilo manuelino en la fachada derecha.

❚ MUSEU DE ARTE CONTEMPORÂNEA ✶✶

Abierto en 2007 en el antiguo Hospital da Misericórdia de Elvas, el MACE es el único museo del país dedicado exclusivamente al arte contemporáneo portugués, desde los años 80 hasta nuestros días. La colección de António Cachola, con más de 300 obras, se expone según diversas temáticas de forma permanente. Artistas como Joana Vasconcelos, Pedro Cabrita Reis, Jorge Molder y Rui Sanches avivan las paredes de este concurrido museo.

- ✉ Rua da Cadeia
- 🕐 Se recomienda confirmar el horario en la página web
- 🌐 www.col-antoniocachola.com
- 💰 Barato

❚ MUSEU DA FOTOGRAFIA JOÃO CARPINTEIRO ✶✶

Este museo recoge el legado de João Carpinteiro. Dispone de una sala sobre la historia de la fotografía, otra sala dedicada al coleccionista y otra con la colección. También se puede acceder a una sala de revelado de blanco y negro y a una biblioteca temática, en la que se pueden ver más de 2.500 fotografías digitalizadas de Elvas y la región.

- ✉ Largo Luís de Camões
- 🕐 De 10 h a 13 h y de 15 h a 19 h
- 💰 Barato

❚ FÁBRICA MUSEU DA AMEIXA ✶

Fundada en 1919, se trata de la fábrica más antigua de Elvas en activo de uno de los manjares más apreciados de la población. Resulta interesante para conocer el proceso de elaboración y el mimo con que se confeccionan las ciruelas claudias confitadas.

- ✉ Rua Martim Mendes, 16
- ☎ 268 628 364
- 🕐 De lun-vie, 10-13 h y 14-18 h; sáb y dom, 11-13 y 14-16 h
- 🌐 ameixas-elvas.com; serenofonseca@gmail.com
- 💰 Barato

❚ CASA DA HISTÓRIA JUDAICA ✶

Inaugurada en 2019 en la que parece ser que fue la antigua sinagoga y que con la expulsión de los judíos acabaron transformando en matadero, este espacio pretende homenajear el importante legado judío en la ciudad.

- ✉ Rua dos Açougues, 4-6
- ☎ 268 622 236
- 🕐 De 10 h a 18 h. Cierra lunes
- 💰 Barato

❚ MUSEU DE ARQUEOLOGIA E ETNOGRAFIA ANTÓNIO TOMÁS PIRES ✶✶

Instalado en un antiguo almacén de trigo, cebada y paja y una panadería militar, este edificio moderno y totalmente rehabilitado se enorgullece de reunir en una misma exposición las colecciones de arqueología y etnografía del propio museo y las procedentes del Gremio de Labranza de Elvas.

- ✉ Largo da Sra. da Oliveira, 1
- ☎ 268 624 601
- 🕐 De miércoles a domingo, de 10 h a 13 h y de 15 h a 18 h en verano; de 10 h a 13 h y de 14 h a 17 h en invierno
- 💰 Barato

Resto del norte del Alentejo

MARVÃO (▶20) ***

CIUDAD ROMANA DE AMMAIA **

Se trata de una de las ruinas romanas más importantes de Portugal. La ciudad fue fundada entre finales del siglo I a.C. y principios del I d.C. Por los descubrimientos realizados hasta ahora, se cree que ocupaba unas 20 hectáreas y que llegó a tener unos 5.000 habitantes hasta el siglo IV d.C., cuando se despobló. El Museu Municipal de Marvão y el Museu Nacional de Arqueologia de Lisboa recogen algunos de los vestigios más valiosos. Algunas teorías indican que un terremoto destruyó la ciudad romana y que muchas de las piedras del castillo de Marvão pertenecen a estas ruinas.

◫ Estrada da Calçadinha, 4. São Salvador de Aramenha, a 7 km de Marvão
⊙ Todos los días, de 9 h a 12.30 h y de 14 h a 17.30 h
◉ Barato

PORTAGEM *

Entre Marvão y Ammaia se encuentra esta pequeña población. Para sofocar las altas temperaturas se recomienda darse un baño en su playa fluvial, una piscina natural ubicada en el río Sever con vistas a la sierra y al castillo.

GALEGOS *

Esta población situada a escasos kilómetros de Marvão y Castelo de Vide alberga el interesante **Lagar-Museu António Picado Nunes**, dedicado a la historia del aceite de Castelo Marvão. La visita no es barata, pero en el precio se incluye una botella de aceite.

◫ 11 km al SE de Marvão; 14 km al SE de Castelo de Vide

Lagar-Museu
◫ Galegos
☎ 938 029 249
🖳 mpn.pt
◉ Caro

CASTELO DE VIDE ***

Sin lugar a dudas, Castelo de Vide es junto a Marvão la joya del norte del Alentejo. Nadie debería dejar de visitar esta preciosa población, ya sea por lo cuidadas y limpias que están sus calles y jardines, como por el crisol de culturas que habitaron sus edificios.

No es exagerado el calificativo de «la Sintra del Alentejo», aunque como escribió Saramago, aquí, en vez de tener «un paisaje de imitación», con especies botánicas exóticas y suntuosos palacetes, tenemos «uno de verdad», con la rica flora que proporciona la reserva natural de la Sierra de São Mamede y unas calles rebosantes de historia.

Se recomienda subir hasta el castillo desde la **Praça D. Pedro V**, entrar por la **Porta da Vila** y admirar la **iglesia de N.ª Sr.ª da Alegria** y la **Casa da Cidadania Salgueiro Maia**, dedicada a la vida de este ilustre capitán de la Revolución de los Claveles. Se recomienda consultar antes la oficina de turismo). Al salir del **castillo** es un placer

◫ 76 km al NO de Elvas. 20 km al N de Portalegre.
🛈 Turismo Castelo de Vide: Praça D. Pedro V
☎ 245 908 227
🖳 turismo@cm-castelo-vide.pt

Casa da Cidadania Salgueiro Maia
◫ Castillo
⊙ De 9.15 a 12.45 h y de 15.15 h a 17.45 h en verano; de 9.15 h a 12.45 h y de 14.15 h a 16.45 h en invierno. Cierra lunes

Sinagoga
- ✉ Rua da Judaria
- 🕐 De 9 h a 13 h y de 15 h a 18 h (de 14 h a 17 h en invierno)
- ✉ Gratis

Museu de Arte Sacra
- ✉ Iglesia matriz
- 🕐 De lun. a sáb., de 9 h a 12.30 h y de 13.30 h a 17 h
- ✉ Barato

Oficina-Museu
- ✉ Rua Nova, 27
- 🕐 De 9 h a 12 h y de 13 h a 17 h, hasta las 16 h en invierno. Cierra lunes
- 🖱 www.museumestrecarolino. pt

· · · · · · · · · ·

- ✉ 25 km al NO de Castelo de Vide. 35 km al E de Belver
- 🛈 Turismo Nisa: Praça da República
- ☎ 245 410 000 (ext. 353)
- ✉ gab.turismo@cm-nisa.pt

Museu do Bordado e do Barro
- ✉ Largo da Cadeia Nova
- 🕐 De mar. a dom., de 9 h a 12.30 h y de 14 h a 17.30 h
- 🖱 www.museubordadoebarro. cm-nisa.pt
- ✉ Gratis

· · · · · · · · · ·

- ✉ 17 km al O de Nisa. 40 km al NO de Castelo de Vide

Castillo
- 🕐 De 9.30 h a 13 h y de 14 h a 17 h. Cierra lunes

pasear por las sinuosas calles de la **Judería**, algunas de ellas repletas de flores y con portales con arcos de medio punto del siglo XIV. Una pequeña **Sinagoga** acoge un museo que pretende dar a conocer el paso de los judíos por esta villa. La **Oficina-Museu Mestre Carolino** presta un sentido homenaje a los herreros, un oficio secular que parece ser que llegó debido a los cristianos nuevos que se instalaron allí tres ser expulsados del país vecino. La placita que guarda la **Fonte da Vila** también es digna de mención. El **Museu de Arte Sacra Cónego Albano Vaz Pinto** atestigua el legado cristiano de esta villa intercultural. Es probable que paseando por las pintorescas callejuelas se encuentren varias costureras vendiendo *trapologia*, lo que comúnmente se conoce como *patchwork*.

Esta zona posee un gran número de monumentos arqueológicos, entre los que quizás destaca el **dolmen** (*anta* en portugués) **de Melriça**. Conviene preguntar bien antes de aventurarse a encontrarlo. Las indicaciones son un poco vagas. Este dolmen, como muchos otros, se encuentra en un campo privado, pero los propietarios suelen dejar abrir las cercas para gozar de las joyas megalíticas.

❙ PARQUE NATURAL DE LA SIERRA DE SÃO MAMEDE (▶23) ✦✦✦

❙ NISA ✦
Esta pequeña población es famosa por sus quesos, pero también puede presumir de poseer una técnica de alfarería única en Portugal: la *olaria pedrada*. Consiste en incrustar piedrecitas de cuarzo dibujando motivos florales y simétricos en el barro. Las diversas técnicas de bordados, como los *alinhavados* de Nisa, demuestran la gran afición por este arte. Para ello se recomienda visitar los dos núcleos del **Museu do Bordado e do Barro**.

El **castillo** de Nisa sufrió importantes desperfectos tras la Guerra de Sucesión española (1702-1714) y los restos que quedaron de la construcción del siglo XVI fueron algunos tramos de la muralla y la torre del homenaje.

En Arez, una *freguesia* (parroquia) de Nisa situada a 8 km del centro histórico, se hallan las **Termas de Nisa**, un lugar muy indicado para hacer una pausa relajante y terapéutica. La época termal suele ser de abril a noviembre.

❙ AMIEIRA DO TEJO ✦✦
A unos 17 km de Nisa y 30 km de Belver, esta pequeña *freguesia* de Nisa puede presumir de tener un **castillo** del siglo XIV rezumante de historia en bastante buen estado de conservación. Formaba parte de la línea de-

fensiva conocida como Linha do Tejo (Línea del Tajo), que comprendía un gran número de fortificaciones dominadas por la Orden de Malta.

Fuera de la población, se halla el **Trilho da Barca d'Amieira – Passadiços de Nisa** (3,6 km, 7,2 km al no ser circular), un camino con miradores y puentes que acompaña el curso del Tajo hasta la presa de Fratel. Uno de los grandes atractivos es el Muro de Siga. Este histórico camino empedrado servía para auxiliar a las embarcaciones que navegaban por el río. Con la construcción de las presas, muchos de ellos fueron sepultados por el agua, pero aún se conservan algunos tramos.

▌BELVER ★★★

Belver es la única *freguesia* del Alentejo que no se encuentra «más allá del Tajo», sino en la orilla norte. Su **castillo** es uno de los mejores ejemplos de castillo románico. Fue la primera fortificación construida en el país por la Orden de Malta. Se acabó de construir en 1210 y el rey Sancho I le otorgó el topónimo en homenaje a la fortaleza de Belvoir del reino de Jerusalén.

Su ubicación privilegiada, en lo alto de una colina lindante al río, proporciona unas vistas esplendorosas. Eso sí, se recomienda confirmar bien el horario antes de subir unas tortuosas escaleras. Las murallas, un poco ovaladas, poseen cuatro grandes torreones y

🖂 34 km al O de Nisa
32 km al O de Amieira do Tejo

Castillo
🕐 De 9 h a 13 h y de 14 h a 17 h. Cierra lunes y martes
🖃 Barato

Núcleo Museológico das Mantas e Tapeçaria
🖂 Estrada Municipal 244, Belver
🕐 De martes a domingo, de 9 h a 13 h y de 14 h a 17 h
☎ 241 635 017
🖃 Barato

Museu do Sabão
🖂 Rua de São Miguel, 22
🕐 El mismo horario que el anterior
☎ 241 635 060
🖃 Barato

◀ Muralla del castillo de Belver.

▲ Pasarela de madera hacia la playa fluvial de Alamal.

●●●●●●●●●●
✉ 57 km al NO de Elvas.
21 km al S de Marvão
🛈 Turismo Portalegre:
Rua Guilherme Gomes
Fernandes, 22
☎ 245 307 445
📧 turismo-portalegre@cm-
portalegre.pt

Museu Municipal
✉ Rua José Maria da Rosa
🕐 De 9.30 h a 13 h y de 14.30
h a 18 h. Cierra lunes
💳 Barato

Museu da Tapeçaria Guy Fino
✉ Rua da Figueira, 9
🕐 De 9.30 h a 13 h y de 14.30
h a 18 h. Cierra lunes
💳 Barato

Casa Museu de José Régio
✉ Rua José Régio
🕐 De 9.30 h a 13 h y de 14.30
h a 18 h. Cierra lunes
💳 Barato

●●●●●●●●●●
✉ 15 km al SE de Portalegre.
51 km al N de Elvas

Castillo
🕐 De 8 h a 22 h. En invierno
hasta las 20 h
💳 Gratis

dos más pequeños. Intramuros, junto a la torre del homenaje, se halla la capilla de São Brás, construida a mediados del siglo XVI, de la que destaca un altar de talla renacentista.

Belver alberga otros dos espacios interesantísimos: el **Núcleo Museológico das Mantas e Tapeçarias,** dedicado a preservar la memoria del arte de manejar los telares y de las tejedoras, y el **Museu do Sabão,** un homenaje a la industria jabonera, arraigada en la zona desde el siglo XVI.

En la otra orilla se encuentra la plácida **playa fluvial de Alamal**. Se recomienda cruzar el puente desde Belver y recorrer a pie un camino de madera que bordea la orilla hasta la playa, que dispone de todos los servicios básicos. El visitante no debería dejar escapar la ocasión de degustar algún plato confeccionado con pescado de río, como la lamprea.

❚ PORTALEGRE   ✱✱

Pese a que el inevitable crecimiento urbanístico le ha retirado parte del encanto inicial, Portalegre sigue siendo un «puerto alegre» en el que vale la pena atracar para disfrutar de su rico patrimonio.

En un agradable paseo, rodeado de algunos palacios y casas nobles, se recomienda visitar la **catedral**, con un imponente retablo en el altar mayor; el **Museo Municipal**, a solo unos pasos y con un importante legado dejado por los conventos y donaciones privadas; el **castillo**, fundado por Dinis I en 1290; el **Museu de Tapeçarias de Portalegre-Guy Fino**, que ilustra lo arraigado que está el arte de la tapicería en esta población; y la **Casa Museu de José Régio**, un escritor modernista que residió parte de su vida en Portalegre y que reunió una valiosa colección de arte sacro y de diversos objetos de arte popular.

Un poco más alejado, el **convento de São Bernardo**, fundado en 1512, alberga el túmulo de D. Jorge de Melo, considerado uno de los monumentos funerarios más suntuosos del país, una verdadera obra de arte realizada por Nicolau de Chanterenne con el apreciado mármol de Estremoz.

❚ ALEGRETE   ✱✱

Esta pulcra población serrana ubicada a 500 metros de altitud está integrada en el sur del Parque Natural de la Sierra de São Mamede, a 14 km de Portalegre y 16 km de Arronches. Tiene un **castillo** fundado por el rey Dinis I en 1319, aunque parece ser que fue levantado sobre la estructura de una fortificación que Afonso Henriques ya había construido sobre la base de otra romano-árabe. Este monumento es la herencia viva de las continuas rencillas entre la corona portuguesa y la castellana. Las casas son típicamente alentejanas y la plaza del pueblo, con un bonito templete, está dispuesta como un verdadero balcón con vistas a la Sierra de São Mamede. La **hermosa iglesia matriz** del siglo XVI y la **torre con un reloj** del XVII tampoco tienen desperdicio.

▌ CAMPO MAIOR ★★

A 15 km de Elvas y de Badajoz se encuentra esta población, conocida sobre todo por la famosa *Festa das Flores.* Los habitantes se implican para este gran evento de mediados de agosto y decoran todas las calles con flores de papel. Otras poblaciones como Redondo y São Teotónio también celebran una fiesta similar, pero esta es la original. El único inconveniente es que no se realiza cada año ni tiene una periodicidad definida, sino que son los propios habitantes quienes lo deciden. Conviene estar atento a la página web del Ayuntamiento para no dejar escapar la oportunidad única de disfrutar de estas fiestas.

Algunos de los monumentos más destacados de Campo Maior son el **castillo**, la **iglesia matriz** y la escalofriante **capilla de los Huesos**.

En la Praça da República, junto al Ayuntamiento, el **Lagar-Museu del Palacio Visconde d'Oliva** ofrece la posibilidad de introducirse en el mundo del cultivo de la aceituna. Un agradable quiosco con mesas al aire libre en una amplia plaza arbolada puede ser útil para tomar un respiro. El **Museu de Arte Sacra** y el **Museu Aberto**, a unos 500 metros del anterior y a pocos pasos uno del otro, son otros dos puntos culturales importantes. El segundo es interesante para conocer la historia popular de Campo Maior, desde la prehistoria hasta la actualidad, sin obviar la estrecha relación con España debido a su posición fronteriza.

Aparte del aceite, Campo Maior acoge la **fábrica de café Delta** y la **Adega Mayor,** una excepcional bodega

Turismo Campo Maior
- ✉ 23 km al NE de Elvas 20 km al NO de Badajoz
- 🚩 Carretera N373
- ☎ 268 680 319
- 🖥 turismo@cm-campo-maior. pt

Ayuntamiento
- 🖥 www.cm-campo-maior.pt

Lagar-Museu
- ✉ Rua de Olivença
- 🕐 De 10 h a 12 h y de 14 h a 18 h, hasta las 17 h en invierno. Cierra lunes
- 💶 Barato

Capela dos Ossos
- ✉ Largo Dr. Regala, 6. Reserva en la oficina de turismo
- 🕐 De martes a domingo, de 10 h a 13 h y de 14 h a 17 h
- 💶 Gratis

Museu de Arte Sacra
- ✉ Rua de São João Baptista. Reserva en la oficina de turismo
- 🕐 De martes a domingo, de 10 h a 13 h y de 14 h a 17 h
- 💶 Barato

Museu Aberto
- ✉ Largo do Barata
- 🕐 De martes a domingo, de 10 h a 13 h y de 14 h a 17 h
- 💶 Barato

Adega Mayor
- 🖥 www.adegamayor.pt

Centro de Ciência do Café
- ✉ De lun. a vie., de 10 h a 18 h. Fines de semana, de 10 h a 14 h
- ☎ 268 009 630
- 🖥 www.centrocienciacafe. com
- 💶 Moderado

◀ Entre el paisaje del norte del Alentejo surge el castillo de Campo Maior, construido en el siglo XIV para reforzar las defensas fronterizas.

► Lo más llamativo de la localidad de Ouguela es su castillo, con cimientos que podrían datar de la época celta.

situada en la Herdade das Argamassas, a unos 5 km del centro. Este espacio también alberga el **Centro de Ciência do Café**, que debería ser de visita obligatoria. La importancia del café en esta población tiene una íntima relación con el contrabando.

Para combatir las altas temperaturas, el embalse de Caia es bastante frecuentado por bañistas y dispone de un *camping* a unos pasos de la orilla.

▌OUGUELA   **✶✶**

A 10 km de Campo Maior, muy cerca de España, se eleva esta impresionante fortificación. Actualmente, Ouguela tiene unos 60 habitantes, pero a mediados del siglo XX llegó a tener más de 400. Este **castillo** pasó a manos portuguesas con el Tratado de Alcañices de 1297, pero sus orígenes son remotos. Se cree que sus cimientos pueden ser originarios de un poblado celta, modificados después por romanos, visigodos y musulmanes. Se puede pasear a lo largo de las murallas, que circundan toda la población y ofrecen unas vistas espléndidas de Extremadura y el Alentejo. Eso sí, cuidado con el mal estado de las escaleras. Quizás ese punto decadente, junto a los ricos vestigios, es el que le otorga un encanto especial a Ouguela. Por debajo de la plaza del pueblo se halla una cisterna que abastecía el agua a todos los habitantes.

▌FRONTEIRA   **✶**

En esta población se encuentra el museo **Atoleiros 1384**, un espacio en el que se ilustra la heroica y decisiva batalla de los Atoleiros que Nuno Álvares Pereira llevó a cabo contra los castellanos.

Aparte de la **iglesia matriz**, construida entre los siglos XVI y XVIII, destaca la **capilla de Nossa Senhora da Vila**

✉ 9 km al NE de Campo Maior

✉ 16 km al S de Alter do Chão. 30 km al N de Estremoz
ℹ **Turismo Fronteira:** En el interior del museo Atoleios 1384
☎ 245 604 023
✉ municipio@cm-fronteira.pt

Atoleiros 1384
✉ Avenida Heróis dos Atoleiros
🕐 De mar. a sáb., 9 h a 13 h y de 14 h a 17 h
🌐 www.cm-fronteira.pt

▲ Detalle decorativo en un edificio de Ouguela.

Velha, a 2 km de Fronteira. Merece la pena maravillarse con las paredes y arcos decorados con bellos paneles de azulejos del siglo XVIII. La playa fluvial Ribeira Grande es otro de sus atractivos.

A unos 12 km, las **Termas de Cabeço de Vide**, con aguas mineromedicinales, aportan grandes beneficios curativos a las afecciones respiratorias, las enfermedades crónicas de la piel y los problemas con las articulaciones.

▌MONFORTE ✱
Si se recorre la N369 entre Monforte y Vaiamonte, se llega a las ruinas de **Torre de Palma**, con vestigios que se remontan a la época romana (I d.C.) y abarcan hasta el siglo XIII, como se puede apreciar por algunos restos que indican que hubo culto cristiano.

▌CRATO ✱✱
La bonita villa de Crato tiene un gran legado dejado por los Caballeros Hospitalarios de la Orden de Malta. En la Praça do Município se puede admirar la **Varanda do Grã-Prior**, perteneciente a un antiguo palacio ya destruido. A unos pasos, el **Museu Municipal**, instalado en un edificio barroco, alberga una colección que comprende la historia de la región desde la prehistoria hasta mediados del siglo XX. La **iglesia matriz** presenta una serie de valiosos azulejos hispanoárabes del siglo XV. El **castillo** está en un estado de conservación bastante decadente y no se puede visitar. Sin embargo, la verdadera joya de Crato es el **monasteiro de Santa Maria de Flor da Rosa**, a 2 km del centro histórico de la villa, donde se encuentra la oficina de turismo. Este monumento está considerado el mejor ejemplo de monasterio fortificado de la Península Ibérica y fue mandado construir por el primer Prior de Crato, Álvaro Gonçales Pereira, en

• • • • • • • • • •

✉ 22 km al E de Fronteira. 27 km al S de Portalegre
🛈 **Turismo Monforte**: Rua Visconde da Luz
☎ 245 578 067
✉ turismo@cm-monforte.pt

Ruinas de Torre de Palma
✉ Entre Vaiamonte y Monforte por la N369
🕐 Consúltese el horario en www.visitalentejo.pt
💰 Barato

• • • • • • • • • •

✉ 22 km al O de Portalegre
🛈 Turismo Crato: en el monasterio de Flor da Rosa
☎ 245 997 341
✉ turismo@cm-crato.pt

Casa Museu Padre Belo
✉ Rua do Convento, 13
🕐 De 9.30 h a 12.30 h y de 14 h a 17.30 h. Cierra los fines de semana
💰 Barato

Museu Municipal
✉ Rua da Assembleia dos Cavaleiros da Ordem Soberana e Militar de Malta, 3
🕐 De 10 h a 12.30 h y de 14 h a 17.30 h. Cierra lunes
💰 Barato

UN PASEO EN COCHE

La ruta de los castillos

Distancia
150 km

Duración
2-3 días

Punto de inicio
Belver

Punto de llegada
Castelo de Vide

La autopista A23 dispone de peajes electrónicos. Conviene consultar antes las formas de pago en la página web www. portugaltolls.com

El inicio del recorrido es **Belver** (▶73), al que se accede por la A23, que conecta Entroncamento con Guarda, pasando por Abrantes y Castelo Branco, y que es necesario coger para ir de Salamanca a Lisboa.

Encaramado en lo alto de la población, y tras subir una tortuosa escalinata, el castillo de Belver ofrece unas vistas espléndidas del Tajo. Se trata del único castillo del Alentejo que no se encuentra «más allá del Tajo», ya que está en la orilla norte. Si hace buen tiempo, se recomienda cruzar el puente y recorrer a pie el paseo junto al río hasta la playa fluvial de Alamal, donde se puede comer un buen plato de lamprea.

Desde Belver, regresaremos a la A23 dirección Castelo Branco para recorrer poco más de 30 km hasta llegar a **Amieira do Tejo** (▶73). En la misma autopista, tomaremos un desvío hacia la E380, cruzaremos el Tajo por el embalse de Fratel y proseguiremos por la misma carretera hasta llegar a la M528 dirección Amieira do Tejo.

El castillo de esta pequeña localidad sorprende por el buen estado de conservación en que se encuentra y por el paisaje verde que se fusiona con los tejados rojizos y la arquitectura militar.

Para llegar al próximo destino, regresaremos por la M528 hasta Arez, donde nos desviaremos por la N364 hasta llegar a **Nisa** (▶72).

Esta pintoresca población, conocida por el queso, mantiene muy arraigadas sus tradiciones y es un buen lugar para comprar piezas de barro con piedras de cuarzo o encajes.

Monasterio de Flor da Rosa
🕓 De 9.30 h a 12.30 h y de 14 h a 17.30 h; fines de semana, de 10 h a 13 h y de 14.30 h a 18 h
💶 Barato

• • • • • • • • •

✉ 47 km al N de Estremoz. 35 km al SO de Portalegre
ℹ **Turismo Alter do Chão:** Largo Barreto Caldeira, 18. Casa do Álamo
📞 245 610 004
✉ cultura@cm-alter-chao.pt

1356. En su interior se encuentra una selecta Pousada de Portugal, pero también acoge el **Núcleo Museológico de Flor da Rosa**, con una importante colección de escultura sacra propiedad del Museu Nacional de Arte Antiga de Lisboa. Si se sube hasta arriba se podrá tocar la campana. Dicen que da suerte.

Los amantes de los megalitos pueden preguntar en Crato como llegar al **dolmen de Tapadão** (conocido como *anta do* Tapadão o de Aldeia da Mata), el segundo más grande de Portugal. Se debe entrar en coche y cerrar la cerca para que no huya el ganado.

▌ ALTER DO CHÃO   ★★

Al llegar a Alter do Chão se puede admirar un **castillo** del siglo XIV, que sirvió de residencia a la dinastía de los

▌Desde Nisa, nos dirigiremos hacia el sur por la N18 dirección Alpalhão, donde proseguiremos el viaje por la N245 dirección Crato hasta llegar al **monasterio de Flor da Rosa** (▶78).

Es uno de los mejores ejemplos de monasterio fortificado de la Península Ibérica y, además de permitir una visita, aloja una Pousada Nacional y un restaurante de lujo. Es un buen lugar para comprar piezas de alfarería.

▌Continuaremos el trayecto por la IC13 hasta llegar a **Portalegre** (▶74), a unos 23 km.

Merece la pena visitar el castillo, la Casa-Museu José Régio y el Museu da Tapeçaria de Portalegre Guy Fino. Téngase en cuenta que la tapicería de esta población es una de las más apreciadas de todo el país.

▌Desde Portalegre, si se dispone de tiempo, partiremos dirección **Alegrete** (▶74) por la N246-2.

Su castillo es Monumento Nacional desde 1946 y corona una bonita localidad de casitas blancas.

▌Regresaremos a Portalegre por el mismo camino y tomaremos la N246 hasta llegar a **Castelo de Vide** (▶71).

Esta encantadora villa, conocida como la «Sintra del Alentejo» es de aquellos lugares que justifica un viaje. Pasear por la judería y el burgo medieval o subir al castillo son experiencias inolvidables debido a la belleza y al buen estado de conservación en que se encuentran sus calles y edificios.

▌Para concluir la ruta, qué mejor que continuar por la N246-1 hasta llegar a Portagem y su playa fluvial, y de allí seguir por la N359 hasta **Marvão** (▶20).

Contemplar el paisaje desde Marvão puede causar un sentimiento contradictorio. Por un lado, sentirnos eufóricos y los dueños del mundo; por el otro, comprender la insignificancia del ser humano.

▲ Exterior y claustro del monasterio de Flor da Rosa.

Bragança y tiene una torre del homenaje de 44 metros. Pero el gran atractivo de esta localidad es sin lugar a dudas la **Coudelaria Alter Real**, a unos 9 km de la población.

Los curiosos y los amantes de la equitación no deberían dejar pasar la oportunidad de realizar una visita guiada por sus inmediaciones. La Coudelaria fue fundada en 1748 por el rey João V para mejorar la crianza de caballos nacionales, poder abastecer las caballerizas reales y disponer de una digna academia ecuestre. La raza *Alter Real* está muy relacionada con el caballo lusitano y el andaluz y a lo largo de más de 260 años ha ido mejorando sus rasgos. Durante los dos primeros años de vida, los caballos viven de modo salvaje en una pequeña isla del Ribatejo. La lozanía y el portento de esta raza

Coudelaria Alter Real
✉ Tapada do Arneiro
☎ 245 610 060; 961 733 371
🖥 cri@alterreal.pt; www.alterreal.pt
ℹ Visitas guiadas (conviene reservar): mar-dom, 10.30-15 h
💳 Moderado

equina están estrechamente unidos al buen trato que reciben los animales en este templo de la equitación.

Las visitas guiadas tienen una duración de una hora y media e incluyen un paseo por las caballerizas, una salida al campo, una exposición de halconería y un espacio dedicado a carruajes de tiro. Con reserva previa, se puede disfrutar de clases de diversas actividades ecuestres para diferentes edades y niveles. Dar un paseo en carruaje por la Coudelaria y sus campos puede convertirse en una experiencia inolvidable.

▌AVIS   ✱

Situada en el corazón del norte alentejano, bañada por las aguas del embalse de Maranhão, esta simpática villa blanca dispone de un muy activo punto de información turística que facilita diversos recorridos temáticos. La **iglesia matriz** de Nossa Senhora da Orada, la **iglesia** y el **convento de São Bento** y el **Arco do Anjo** junto a la Torre da Rainha son algunos de los lugares más carismáticos. El **Museu do Campo Alentejano,** instalado en el **convento de São Bento,** recoge un interesante legado etnográfico de la villa y sus aledaños.

• • • • • • • •

✉ 35 km al NE de Mora.
31 km al SO de Alter do Chão
🛈 **Turismo Avis:**
✉ Praça Serpa Pinto, 1
📞 242 412 024
🖰 turismo@cm-avis.pt

Museu do Campo Alentejano
✉ Largo Cândido dos Reis
🕑 De mar. a vier, de 10 h a 12.30 h y de 14 h a 16 h; sáb., de 10 a 12.30 h y de 13 h a 15.30 h
🖃 Barato

ARRONCHES   *

Ubicada entre Elvas y Portalegre, al sur del Parque Natural de la Sierra de São Mamede, esta típica población alentejana tiene un amplio patrimonio de iglesias y ermitas. Si se va con niños, y no solo, se recomienda visitar el **Museu de (a) Brincar**, con una interesante colección de juguetes antiguos.

Pero quien pase por Arronches, conocida como «la verdadera capital del rupestre portugués», debe visitar obligatoriamente las pinturas rupestres al aire libre de **Lapa dos Gaviões**, en la *freguesia* de Esperança, datadas entre el cuarto y el segundo milenio a.C.

PUENTE DE AJUDA   **

Si se cruza la frontera por la carretera regional que une Elvas con Olivenza, será fácil maravillarse con este puente en ruinas mandado construir en 1510 por Manuel I para atravesar el Guadiana. En 1709, con la Guerra de Sucesión española, el ejército castellano lo derrumbó. Se puede acceder al puente desde las dos orillas. Desde la portuguesa, se puede admirar la capilla de Nossa Senhora de Ajuda.

- ✉ 23 km al SE de Portalegre
  30 km al N de Elvas
- 🛈 Turismo Arronches: Largo
  Serpa Pinto, 10
- ☎ 245 580 085
- 🌐 turismo@cm-arronches.pt

Museu de (a) Brincar
- ✉ Largo da Restauração
- 🕐 De mar. a dom., de 10 h a
  13 h y de 14 h a 18 h
- 🎫 Barato

▼ Las localidades de Elvas y
Olivenza estaban unidas
por el puente de Ajuda.

GASTRONOMÍA

La gastronomía alentejana es una de las más ricas del país. La tradición rural y, paradójicamente, las arduas condiciones en las que vivieron muchos campesinos, han hecho que platos populares considerados «de pobres» hayan sido considerados auténticos manjares de la alta cocina. La calidad del pan, el aceite, los quesos, los embutidos, los dulces y los vinos es sobradamente reconocida.

❘ Sopas

El pan es un ingrediente esencial en la cocina alentejana. La *açorda* es uno de sus platos estrella. Originalmente, constaba de agua en ebullición, aceite, sal, ajo, huevos escalfados (cuando los había) y cilantro, aunque hoy en día en muchos casos también le añaden pescado fresco, bacalao o incluso almejas y langosta. La **sopa de beldroegas** (verdolagas), con huevo y quesos frescos, la **sopa de tomate** y la **sopa alentejana** son una auténtica delicia. Entre las sopas frías, el **gazpacho alentejano**, que a diferencia del andaluz no tiene los ingredientes triturados, es una propuesta muy refrescante para los meses calurosos.

❘ Migas, ensopados y huevos

Las **migas** es un plato muy frecuente en las cocinas de esta región. Hay muchas maneras de confeccionarlas y sirven de acompañamiento para platos de carne o pescado. Uno de los guisos más reconocidos del Alentejo es el **ensopado**, que puede ser de cordero, conejo, gallina, liebre y otras carnes, pero también de pescados como el bacalao, la anguila o la lamprea. Los huevos son bastante utilizados como entrantes. Destacan los huevos revueltos con *linguiça* y los huevos revueltos con espárragos salvajes, otra auténtica delicia.

❘ Pescados y mariscos

Pese a ser una región que prima por la calidad de la carne, las aguas frías del Atlántico ofertan buen pescado fresco y marisco. El **pulpo**, los **percebes**, el **buey de mar** (*sapateira*), la **dorada** o el **cazón** son fáciles de encontrar en las localidades costeras. El **bacalao**, como en todo el país, es un plato habitual. Tampoco debemos olvidarnos de algunos peces de agua dulce, como la **lamprea**, el **barbo** o la **anguila**. La zona del Estuario del Sado, con Comporta a la cabeza debido a sus arrozales, es un buen lugar para comer un buen plato de **arroz** de marisco o pescado.

❘ Carnes

El recetario con carne alentejana es infinito. Algunos de los platos más famosos son el de *carne de porco à alentejana*, un guiso de carne de cerdo con almejas, el *ensopado de borrego* (cordero) o *à Pastora*, los *se-*

cretos de porco preto, una parte muy tierna del cerdo ibérico y la **carne de caza**, como la de la perdiz, el tordo, el jabalí, el conejo bravo y la liebre. Las **empadas de galinha** son maravillosas e ideales cuando se quiere picar algo, así como el jamón ibérico de Barrancos. El gran surtido de **embutidos** es inabarcable. Algunos de los mejores son la **linguiça**, el **paio**, la **farinheira**, el **chorizo**, la **morcilla**, el **catalão** de Barrancos y la **butifarra** de Azaruja.

Quesos

En el Alentejo existen tres quesos de oveja y cabra con Denominación de Origen: el de Nisa, el de Évora y el de Serpa. Los dos primeros se caracterizan por ser semiduros, mientras que el tercero, quizás el más famoso, resulta ideal para untar con pan debido a su composición más blanda.

Postres

El gran número de órdenes religiosas que pobló estas tierras dejó una herencia magnífica de dulces conventuales. La **sericaia** o el **arroz-doce** de Elvas, el **bolo príncipe** de Beja, las **cavacas** de Avis, las **pinhoadas** de Alcácer do Sal, la **encharcada** o los **alfinetes** del convento de Santa Clara de Évora, el **bolo de amêndoa** (pastel de almendra) del convento de Vidigueira, la **boleima**, los **pastéis** de Safara, los **bolos fintos**, las **popias** o el **bolo barranquenho** son algunas de las recetas que endulzarán más al visitante.

Licores

A pesar de que la supremacía del vino los solapa, no debemos olvidarnos de la tradición licorera de esta región. El licor de **poejo** (menta poleo), **mora**, **bellota**, **madroño**, **castaña** o **miel** están presentes en la vida cotidiana de sus gentes.

Vinos

El vino del Alentejo es de Denominación de Origen (DOC en Portugal). Gracias al cultivo tradicional y al cuidado de las bodegas, a lo largo de los años ha ido ganando reconocimiento internacional. La DOC se divide en ocho subregiones: Évora, Borba, Granja-Amareleja, Moura, Redondo, Portalegre, Reguengos de Monsaraz y Vidigueira. Visitando la **Rota dos Vinhos del Alentejo** (Horta das Figueiras, Rua Fernanda Seno, 12, Évora) se tendrá una buena aproximación de la trascendencia del vino para la región. Esta entidad pública, con más de 150 bodegas afiliadas, tiene tres rutas definidas: en el norte, la *Ruta de São Mamede,* donde predominan los vinos tintos; en el centro, la *Ruta Histórica,* que concentra el mayor número de bodegas, ricas tanto en vinos tintos como blancos; y, por el sur, la *Ruta del Guadiana,* donde el vino blanco de Vidigueira es uno de los más apreciados del país.

Vinos recomendados

Resulta difícil aconsejar algunos vinos en detrimento de otros. Para vinos tintos, los vinos de Reguengos de Monsaraz son de una calidad contrastada, como por ejemplo los de la Herdade do Esporão o los de Granadeiro Vinhos, cuyo vino Poliphonia Signature 2008 fue considerado el mejor vino tinto del mundo en el Concurso Mundial de Bruselas del 2012. Los de las Cooperativas de Borba y Redondo, los de la Fundación Eugénio de Almeida, los de Pias, los de Ervideira, los de la Herdade de Malhadinha, los de Adega Mayor, los de Paulo Laureano y muchos otros contribuirán a anestesiar los paladares.

El **sur** del **Alentejo**

Territorio de extensas llanuras y pequeños altiplanos, con plantaciones rotativas de cereales, encinares, olivares, alcornocales, viñedos y campos de pasto salpicados de ganado. La riqueza de un vasto patrimonio cultural, con castillos, iglesias, museos, pueblos pintorescos, ruinas o antiguas minas, combina con parajes naturales como el Parque Natural do Vale do Guadiana, el embalse de Alqueva o el Parque de Natureza de Noudar de Barrancos. Si a ello le añadimos el sabor de buenos vinos, embutidos, quesos, aceite y aguardiente de miel o madroño la experiencia puede ser inolvidable. Y aún mejor si es al ritmo del cante alentejano, un canto popular muy arraigado por estas tierras.

▌ Beja

Es la capital del Baixo Alentejo y, con alrededor de unos 35.000 habitantes, una de las ciudades más pobladas de toda la región. La principal actividad económica es la agropecuaria, aunque poco a poco el turismo va ganando peso. Al adentrarnos hacia el casco histórico, el plan urbanístico poco estético de las afueras puede llamar la atención de más de un visitante ávido de encontrar comparaciones con otros puntos más pintorescos del Alentejo. Pese a la primera posible decepción, merece la pena llegar al castillo y maravillarse con la emblemática torre del homenaje, así como deambular por las calles y plazas del centro, con bastante vida nocturna debido a la presencia de universitarios.

Sus orígenes son remotos. Existen vestigios celtas que hacen pensar que Beja podría haber sido fundada sobre el 400 a.C., aunque algunas teorías demuestran que incluso antes los conios podrían haber habitado sus inmediaciones. Las primeras referencias escritas de la ciudad datan del siglo II a.C. y pertenecen al geógrafo griego Pobilio. Posteriormente, Ptolomeo también citaría Beja en su Atlas del Mundo. Tras el paso de los cartagineses, la llegada de los romanos hizo que la ciudad se pasara a llamar Pax Julia, para conmemorar la pacificación de Lusitania conseguida por Julio César. Con la llegada del emperador Augusto, pasó a ser una de las cancillerías del imperio lusitano y su importancia fue creciente. Tras la desbandada de los romanos, los suevos, los alanos y los visigodos dominaron la población. Estos últimos tuvieron una gran incidencia en Beja.

Para comprobarlo, basta con visitar el Núcleo Visigótico de la Iglesia de Santo Amaro y con saber que la ciudad ha sido clasificada como capital del visigótico en Portugal. En aquellos tiempos, Beja fue conocida como Paca, aunque parece ser que no tenía ningún lazo consanguíneo con el famoso Paquito el Chocolatero. Del siglo VIII al XII, el dominio árabe trajo a la ciudad su nombre definitivo. Empezó llamándose Baju, después Baja y acabó por ser conocida como Beja. Se dice que la actual iglesia de Santa Maria da Feira podría haber aprovechado la estructura de una antigua mezquita de la ciudad. Este pasado árabe sigue muy bien vivo, ya que actualmente Beja se encuentra hermanada con la ciudad tunecina de Béja. En 1162, tras un atribulado periodo, Gonçalo Mendes da Maia conquistó definitivamente la ciudad bajo el reinado de Afonso Henriques.

Largo da Estação,
a 750 m del castillo
210 900 032
www.cp.pt

Praça António Raposo
Tavares, a 1 km del castillo
284 313 620
www.rodalentejo.pt

Turismo Beja:
Largo Dr. Lima Faleiro
284 311 913
turismo@cm-beja.pt

Núcleo Visigótico
Largo de Santo Amaro
De lun. a vier., de 9.30 h
a 12.30 h y de 14 h a 17 h
284 321 465
Barato

▲ Las calles de Beja suelen presentar sus fachadas encaladas.

► Convento de Nossa
Senhora da Conceição.

Es conveniente empezar la visita en el castillo, ya que alberga el punto de información turística. Aparte de las siguientes recomendaciones, el viajero debe pasar por la **Praça da República** para maravillarse con una **picota** de estilo manuelino, unas **arcadas** de una gran belleza y la **iglesia da Misericórdia**. Este templo fue construido en el siglo xv para albergar un matadero, pero dada su belleza el infante D. Luís, duque de Beja, le otorgó fines más nobles. Tras unos cuarenta años cerrada, la Asociación de Artesanos del Baixo Alentejo reabrió sus puertas y la adaptó para la venta y el culto de sus obras artesanales.

Merece la pena respirar la esencia de esta ciudad con tanta historia, donde una discreta monja portuguesa escribiría unas cartas de amor a un mujeriego caballero francés que darían la vuelta al mundo. Merece la pena saborear los preciados dulces conventuales, azucarados para paliar el amargo sabor de la despedida. Merece la pena adentrarse por Beja.

LO QUE HAY QUE VER EN BEJA

❙ CASTILLO ★★★

Punto de referencia de Beja, fue reconstruido bajo el reinado de Dinis I, pero las **Puertas de Évora y de Avis**, pegadas a la muralla, son dos vestigios del esplendor romano que vivió Pax Julia. La planta del castillo es pentagonal y destaca por encima de todo una magnífica **torre del homenaje** de unos 40 metros. De hecho, se

• • • • • • • •

✉ Rua Antero de Quental
🕐 De 9.30 h a 12.30 h y de 14 h a 18 h
🎟 Gratis

trata de la más alta de Portugal y su planta rectangular con un balcón protegido por matacanes tiene algunas similitudes con el torreón del castillo de Estremoz. De estilo gótico, está hecha de mármol y dispone de tres pisos. Subir las casi doscientas escaleras proporciona una buena panorámica de los campos circundantes y los tejados de los edificios pacenses. Curiosamente, los ciudadanos de Beja tienen el mismo gentilicio que los de Badajoz.

I MUSEU REGIONAL (▶31) ✱✱✱

I NÚCLEO MUSEOLÓGICO RUA DO SEMBRANO ✱✱
Cerca del Teatro Pax Julia, entrando por una placita con dos esculturas rojas vanguardistas de Noémia Cruz, vale la pena hacer una visita a este pequeño museo. En una única sala con el suelo de cristal para poder contemplar las ruinas por debajo, se recoge un importante conjunto de vestigios comprendidos entre la Edad de Hierro y la actualidad. Objetos como una escultura prehistórica de un carnero, unos pendientes romanos hechos con hueso o vasijas islámicas ayudan a desvelar a través del arte la rica historia de Beja.

✉ Rua do Sembrano-
Largo de S. João
⏱ De 9.30 h a 12.30 h y de 14
h a 18 h. Cierra lunes
🗔 Gratis

I SÉ CATEDRAL (IGLESIA DE SANTIAGO MAIOR) ✱
Construida a finales del siglo XVI sobre la antigua iglesia de Santiago Maior, no fue nombrada catedral hasta 1930, tras una solicitud del obispo de Beja. De estilo

✉ Largo do Lidador
⏱ De jue. a mar., de 10 h a
12.30 h y de 15 h a 19.30;
miér., de 10 h a 12.30 h; fines
de semana, de 10 h a 12.30 h
y de 17.30 h a 19.30 h
🗔 Gratis

manierista, en el interior destaca el retablo dorado de la capilla mayor obra de Manuel João de Fonseca, los paneles de azulejos del siglo XVII y algunas pinturas de André Reinoso en el altar de San José.

I IGLESIA MATRIZ DE SANTA MARIA DA FEIRA*
A unos pasos del convento da N.ª Sr.ª da Conceição, se halla una de las iglesias más antiguas de la ciudad. Parece ser que sus cimientos se remontan al periodo visigótico y que posteriormente acogió una mezquita. La blanca fachada de estilo mudéjar contrasta con la torre de la campana, curiosamente separada del templo por una oficina de una caja de ahorros. Uno de los atractivos de la iglesia es la capilla de Nossa Senhora do Rosário, con un espectacular retablo tallado del siglo XVII que representa el Árbol de Jesé.

✉ Largo de Santa Maria
🕐 Solo abre para las misas

I MUSEU JORGE VIEIRA-CASA DAS ARTES **
Jorge Vieira fue uno de los escultores portugueses más destacados del siglo XX. Antes de su muerte decidió donar gran parte de su legado artístico a Beja para la creación de este activo museo, que además de tener expuestas sus esculturas, dibujos, y pinturas, alberga un espacio dinámico dedicado a exposiciones temporales. Una buena parada para los interesados en el arte contemporáneo portugués.

✉ Largo Dr. Lima Faleiro
🕐 De 9.30 h a 12.30 h y de 14 h a 18 h
💶 Gratis

I BEDETECA-CASA DA CULTURA *
Beja tiene una larga afición a los cómics. La Bedeteca es un espacio dedicado a la divulgación del cómic y los dibujos animados. En mayo y junio acoge el Festival Internacional del Cómic, una excusa perfecta para visitar la ciudad.

✉ Rua Luís de Camões. Casa da Cultura de Beja
💶 Gratis

I VILLA ROMANA DE PISÕES **
En el cierre de esta edición se encontraba en fase de restauración. Sin embargo, no podemos dejar de destacar estas ruinas romanas descubiertas casualmente en 1967 por un agricultor. Las consiguientes excavaciones determinaron que se hallaba una villa luso-romana. Estos espacios eran complejos agrarios destinados a abastecer los mercados de ciudades como Pax Julia. Lo hallazgos datan entre los siglos I y IV d.C. y se dividen en una zona residencial, unas termas y unas termas primitivas. Destaca el buen estado de conservación de algunos mosaicos, y de los arcos del hipocausto de las termas.

Para llegar, se debe tomar la carretera N18 desde Beja dirección a Aljustrel y, tras 4 km, seguir las indicaciones hacia las ruinas de Pisões y continuar por un camino de tierra circulable. Se recomienda preguntar en el punto de información turística de Beja por el estado del camino y, obviamente, si ya ha reabierto las puertas.

✉ A 6 km de Beja por la N18 dirección Ervidel
📞 284 311 800
🕐 En fase de restauración

Resto del sur del Alentejo

▌MÉRTOLA (▶33) ✱✱✱

▌MINA DE SÃO DOMINGOS ✱✱

Surgió a consecuencia del descubrimiento de una mina de cobre y pirita que ya había sido explotada por sociedades anteriores a los romanos. Se trata de la primera población de Portugal con energía eléctrica y con una vía ferroviaria. La mina, explotada por la compañía inglesa Mason & Barry, funcionó de 1854 a 1966 y se convirtió en uno de los centros más importantes de extracción de cobre de Europa. Aún son bien visibles los diferentes estratos sociales en que la empresa dividió las casas y los servicios. Incluso instalaron un campo de golf exclusivo para los ingleses que desmantelaron al cerrar la mina y dejar todas las instalaciones abandonadas. Para adentrarse en la memoria de sus gentes se puede visitar la **Casa do Mineiro**, un espacio de 16 m^2 que alojaba a una familia entera y que un ex minero cedió antes de fallecer. El **cine-teatro**, abierto en tiempos del cine mudo, organiza exposiciones temporales.

Pero el lugar que atrae a más turistas es sin duda la **playa fluvial**, con un agradable bar con terraza que abre hasta medianoche cuando llega el buen tiempo.

⊠ 17 km al E de Mértola
37 km al S de Serpa

Centro de Documentação y Casa do Mineiro
⊠ Rua de Santa Isabel, 30
🕓 De lun. a vie., de 9 h a 12.30 h y de 14 a 17.30 h

▼ Playa fluvial de Mina de São Domingos.

● ● ● ● ● ● ● ●

✉ 10 km al SO de Mina de São
Domingos.
14 km al E de Mértola

Museu do Contrabando
✉ Rua da Mó Velha, 2
☎ 286 655 135
🕐 De mar. a dom., de 9 h
a 17.30 h

▶ Puente para vehículos en
Pomarão que une España
con Portugal.

● ● ● ● ● ● ● ●

✉ Sede: Centro Polivalente
de Divulgação da Casa do
Lanternim. Rua D. Sancho II,
15 (Mértola)
☎ 286 612 016
📧 pnvg@ icnf.pt
www.icnf.pt

❙ SANTANA DE CAMBAS ✱

A unos 10 km de Mina de São Domingos y a 20 km de Pomarão, encontrará esta pequeña localidad, que puede presumir de tener el original **Museu do Contrabando**. El contrabando fue una actividad indisociable de las gentes de La Raya, y muchas de ellas arriesgaron sus vidas para transportar algunas mercancías en la clandestinidad. Este museo recoge algunos testigos que ayudan a comprender las arduas condiciones vividas por los contrabandistas.

❙ POMARÃO ✱

La primera línea ferroviaria portuguesa, de unos 30 km, unía la Mina de São Domingos con Pomarão, un importante **puerto fluvial**, ya que desde allí se bajaban las mercancías por el Guadiana hasta llegar al Atlántico. Poco queda de aquella ebullición comercial y ahora se conforma con ser un tranquilo puerto de escasos veleros. Un puente inaugurado en 2009 permite cruzar la frontera en coche y ha servido para acercar las costumbres de las poblaciones colindantes, como El Granado, Sanlúcar de Guadiana o Villanueva de los Castillejos.

❙ P. N. DO VALE DO GUADIANA ✱✱

Con cerca de 70.000 hectáreas, en 1995 se creó este Parque Natural para proteger el patrimonio natural y cultural de la extensa área verde que recorre parte de la cuenca del Guadiana. El parque comprende parte de los municipios de Serpa y Mértola, más o menos desde el fronterizo puerto fluvial de Pomarão hasta el **Pulo do Lobo**. *Pulo* en portugués significa «salto». Este impresionante accidente natural adoptó este nombre debido a que, en un territorio rocoso, las aguas del Guadiana se estrechan y bajan de golpe más de 20 metros. El lugar es sorprendente, pero se recomienda no ir en verano, ya que el río suele estar bastante seco, e informarse antes de emprender el viaje sobre el estado del camino.

Aparte de la riqueza de la flora y la fauna, cabe destacar que se trata de un sitio confluido por aves migratorias, como el águila real, el águila azor perdicera, el búho real o las cigüeñas negras, no muy visibles, y las blancas.

En la villa-museo de Mértola, que se encuentra en el corazón del Parque Natural, podrá solicitar información detallada sobre los diversos recorridos pedestres y en coche organizados, tanto en el punto de información turística de la villa como en la sede del Parque Natural do Vale do Guadiana.

❙ MOURA ✶✶

Junto con Mértola, Moura es una de las poblaciones con un legado árabe más significativo. Dice la leyenda que su nombre proviene de una princesa mora llamada Salúquia que, al ver que las tropas cristianas iban a invadir la ciudad, decidió tirarse desde lo alto de la torre del castillo. El barrio de la **morería**, con un interesante **museo** que integra varios pozos árabes del siglo XIV y otros objetos

como piezas de cerámica y candiles, la **Torre de Tapia**, del periodo almohade, junto a la biblioteca municipal, también conocida como **Torre da Salúquia**, son los dos grandes vestigios dejados por la cultura islámica. Esta última sufrió algunos daños durante la Guerra de Sucesión española, tras la retirada del duque de Osuna. El terremoto de 1755 también afectó sus cimientos.

Pero Moura tiene mucho más para ofrecer. La **iglesia matriz** de São João Baptista, del siglo XVI, con su imponente portal, es uno de los mejores ejemplos del

- - - - - - - -

⊠ 60 km al NE de Beja.
30 km al NE de Serpa
ℹ Turismo Moura:
dentro del castillo
☎ 285 251 375
✉ moura.turismo@cm-moura.pt

Casa dos Poços
⊠ Largo da Mouraria
🕐 De mar. a dom., de 9 h a 12.30 h y de 14 h a 17.30 h
💲 Gratis

Museo de arte sacro
⊠ Rua da República, 18
🕐 De mar. a dom., de 9 h a 12.30 h y de 14 h a 17.30 h
💲 Barato

Castillo
⊠ Calçada do Castelo
🕐 De 9 h a 17.30 h
💲 Gratis

Museu Municipal
⊠ Matadouro Municipal de Moura
🕐 De mar. a vier., de 9.30 h a 12.30 h y de 14.30 h a 17.30; fines de semana, de 10 h a 12 h y de 14 h a 16 h
💲 Gratis

▲ Típica decoración de casas blancas y plantas en Moura.

Museu Alberto Gordillo
- Rua da Vista Alegre
- De mar. a dom., de 9 h a 12.30 h y de 14 h a 17.30 h
- Gratis

Lagar de Varas do Fojo
- Rua João de Deus, 19.
- De mar. a dom., de 9 h a 12.30 h y de 14 h a 17.30 h
- Gratis

▲ Antigua fuente en la fachada de la biblioteca de Moura.

▼ Jardim das Oliveiras Miguel Hernández, en Moura.

Alentejo de la arquitectura manuelina. El interior, revestido de azulejos, tampoco tiene desperdicio. El **convento y la iglesia do Carmo** tiene el orgullo de ser el primer edificio construido por la orden carmelita en la Península Ibérica. Esta iglesia se transforma durante la celebración de las fiestas de la patrona Nuestra Señora del Carmen durante el fin de semana más cercano al 16 de julio, todo un evento en la ciudad. La **iglesia de São Pedro**, del siglo XVII y decorada con bellos azulejos, dispone de un **museo de arte sacro** en su interior con más de cien obras que van del siglo V hasta la actualidad. El **castillo**, construido por Dinis I sobre una fortificación islámica, también merece una visita, y más sabiendo que ha abierto al público la restaurada torre del homenaje, con un núcleo de armería.

El buen hacer del Ayuntamiento en los últimos años ha hecho de esta pequeña ciudad uno de los puntos más atractivos para el turismo del Baixo Alentejo. El **Museu Municipal**, con un importante legado arqueológico que va desde la prehistoria hasta el siglo XVIII, el **Museu Alberto Gordillo**, el único del país de joyería contemporánea, y el **Lagar de Varas do Fojo**, un impresionante edificio de 1810 que conserva las máquinas originales usadas para la fabricación de aceite, consolidan la relevancia de esta ciudad conocida por la buena calidad de su aceite de oliva.

Justo delante de este último museo, haciendo todo el sentido, podrá hacer una pausa en el **Jardim das Oliveiras Miguel Hernández**. Pocos son los que saben que este gran poeta alicantino fue detenido en Moura por la policía salazarista y entregado a las tropas franquistas cuando intentaba huir para exiliarse en América. Una

modesta placa con su fotografía, una breve biografía en tres idiomas, y el poema *Aceituneros*, que luego musicalizó Paco Ibáñez en *Andaluces de Jaén*, le rinden un pequeño pero sentido homenaje.

ALDEIA DA ESTRELA ✱
Esta pequeña aldea perteneciente al municipio de Moura se encuentra rodeada de agua, ya que tras la creación del embalse de Alqueva se sumergieron los campos que la rodeaban y se convirtió en una península con un aspecto paradisíaco, ideal para practicar deportes acuáticos y comer con vistas al bello embalse.

25 km al N de Moura
22 km al S de Mourão

SAFARA ✱
Si pasa por este pequeño poblado, no deje de comprar los pastelitos de Safara, de hojaldre y cabello de ángel. Simplemente divinos.

22 km al E de Moura

ALQUEVA ✱
La población, que da nombre al famoso embalse, cuenta en sus aledaños con el **Museu do Medronho,** dedicado a este fruto y a su proceso de destilación, del que resulta el valorado aguardiente de madroño.

18 km al NO de Moura
16 km al SE de Portel

Museu do Medronho
Herdade de Monte Santos
De 10 h a 13 h y de 14 a 18 h. Cierra lunes y martes
266 637 044
www.museudomedronho.pt
Barato

SANTO ALEIXO DA RESTAURAÇÃO ✱
Este pueblo es uno de los más pintorescos del Baixo Alentejo. En los meses calurosos puede parecer desierto, pero probablemente encontrará a sus habitantes en los escasos cafés del pueblo o bajo el mínimo resquicio de sombra. La **iglesia matriz** fue declarada Monumento Nacional. En 1959 Santo Aleixo recibió la distinción de llamarse «da Restauração» debido a su papel fundamental durante la Guerra de Restauración (1640-1668), que determinó la independencia de Portugal, en la que logró repeler dos ataques de las tropas castellanas.

Santo Aleixo da Restauração
29 Km Al E De Moura.
20 km al SO de Barrancos

BARRANCOS ✱
Al llegar a Barrancos una estatua de un toro da la bienvenida. Esta villa fronteriza es una de las únicas de todo Portugal en la que se permite matar al toro. Pero que nadie busque la plaza de toros. Cuando llegan las fiestas, la plaza principal se transforma con andamios de madera en un verdadero templo taurino. Su ubicación aislada, a solo 11 km del municipio onubense de Encinasola y a más de 20 km de Santo Aleixo da Restauração, el más cercano portugués, han hecho que Barrancos mantenga muy arraigadas sus tradiciones. El contrabando está estrechamente ligado a la historia de esta pequeña villa, que también tuvo un papel fundamental durante la Guerra Civil al dar cobijo a muchos españoles refugiados. El barranqueño, el dialecto ha-

49 km al E de Moura
Turismo Barrancos:
Rua 1º de Dezembro
285 950 641
cmb.turismo@cm-barrancos.pt

Museu Municipal
Travessa do Arco, 2
De mar. a vie., de 9 h a 17 h; fines de semana, de 14 a 17 h

Castillo de Noudar
A 10 km de Barrancos
De mar. a dom., de 10 a 16 h

▲ Castillo de Noudar.

blado por sus menos de 2.000 habitantes, se enseña en las escuelas y se mantiene muy vivo. La calidad de sus productos cárnicos, entre los que destacan los de cerdo ibérico (*porco preto*), deleita día tras día a sus visitantes. Curiosamente, existe un embutido llamado *catalão* típico de aquí parecido a la longaniza. En Barrancos, se recomienda visitar el **Museu Municipal de Arqueologia e Etnografia**, con un legado que se remonta al Paleolítico.

Otro de los grandes atractivos es el **castillo de Noudar**. Junto a la rotonda con el toro, justo al lado de la gasolinera, encontrará un desvío hacia el castillo. Son 10 km que si no los recorre a pie, en bicicleta de montaña o en todoterreno se pueden convertir en un verdadero suplicio. Se recomienda preguntar en el punto de información de Barrancos por el estado del camino y si existen visitas guiadas. El castillo, dueño de una historia bastante turbulenta de traspaso de poderes, no se encuentra en muy buen estado.

❙ SERPA   ★★★

No es exagerado decir que esta ciudad blanca es una de las más bonitas del Baixo Alentejo. El buen estado de conservación de los monumentos y las callejuelas empedradas, unido a una gran riqueza gastronómica como el codiciado queso de Serpa y una ajetreada programación cultural, la convierten en una visita obligatoria.

La belleza del **castillo**, reconstruido en el siglo XI sobre uno de origen musulmán, las murallas y un acueducto del siglo XVII, construido para abastecer el Palacio de los Condes de Ficalho, dan la bienvenida al visitante que entra por las **Puertas de Beja**. La **Torre del reloj** es uno de los símbolos de la ciudad por ser uno de sus puntos más altos. En 1440, se aprovechó uno de los torreones del castillo para convertirlo en torre relojera.

Merece la pena pasear por el centro histórico de intramuros para apreciar las humildes casitas blancas con zócalos grises entremezcladas con residencias burguesas de los siglos XIX y XX. Las **iglesias de Santa Maria y do Salvador** y la **capilla do Calvário** destacan entre la arquitectura religiosa, pero, sobre todo, nadie debería salir de Serpa sin haber visitado el **Museo del reloj**, único en la Península Ibérica y que alberga una colección de más de dos mil relojes mecánicos desde el siglo XVII. El **Museu Etnográfico** también es interesantísimo para perpetuar la memoria histórica de los oficios tradicionales de la región.

Cualquier altura es buena para visitar Serpa. Las fiestas de la patrona N.ª Sr.ª de Guadalupe, en Pascua; el mercadillo histórico y tradicional de finales de agosto;

●●●●●●●●

✉ 30 km al SO de Moura.
28 km al SE de Beja.
ℹ Turismo Serpa: Rua dos Cavalos, 19
☎ 284 544 727
✆ turismo@cm-serpa.pt

Museo del reloj
✉ Convento do Mosteirinho, Rua do Assento 35
🕓 De mar. a vie., de 14 h a 17.30 h, sáb. y dom., de 10 h a 12.30 h y de 14 h a 17.30 h. Visitas guiadas
💰 Barato

Museo Etnográfico
✉ Travessa do Arco
🕓 De mar. a vier., de 9 h a 17 h; fines de semana, de 14 h a 17 h
💰 Gratis

◄ Acueducto del siglo XVII junto al castillo de Serpa.

▼ El Museo del Reloj en una de las blancas calles de Serpa.

la feria del queso de finales de febrero; o los festivales culturales *Encontro de Culturas* y *Noites na Nora,* celebrados a principios de junio y en julio respectivamente, son fechas a tener en cuenta para maravillarse paseando por esta ciudad rebosante de historia.

❙ PIAS ✳
Entre Serpa y Moura se halla esta pequeña aldea de arraigadas tradiciones alentejanas conocida, entre otras cosas, por la calidad de algunos de sus restaurantes. En la última semana de agosto se celebran sus fiestas, que tienen la particularidad de su Cortejo Etnográfico, una especie de cabalgata de carrozas dedicadas a homenajear algunas tradiciones del pueblo.

✉ 14 km al S de Moura

❙ BERINGEL ✳
A 14 km al noroeste de Beja por la N121, esta pequeña villa es conocida por su larga tradición alfarera. Se recomienda visitar algunas de las alfarerías que resisten a los tiempos modernos.

✉ 13 km al O de Beja

✉ 14 km al E de Beja

▶ Monumentos conmemorativos
de la muerte de Catarina
Eufémia en Baleizão.

✉ 27 km al N de Beja
2 km al O de Vidigueira
ℹ Turismo Vidigueira: Rua de
Portel, 4, Vidigueira
☎ 284 437 410
✉ postoturismo@cm-vidigueira.
pt

São Cucufate
🕐 Verano, de 10 a 12.30 h
y de 14.30 h a 18.30 h;
Invierno, de 10 a 13 h y
de 14 a 17.30 h. Cierra
martes por la mañana y
lunes

**Centro Interpretativo do
Vinho de Talha**
✉ Praça 25 de Abril, 11
🕐 De mar. a vier., de 9.30 h a
12.30 h y de 14 a 17.30 h;
fines de semana, de 10 a
13 h y de 14.30 a 17.30 h
🎫 Barato

▌ BALEIZÃO ✱

Por la N260 desde Beja, a unos 14 km, se llega a esta población conocida por ser donde nació y murió asesinada
por la policía salazarista Catarina Eufémia. Un monumento la homenajea en una plaza, mientras que otro, en un
campo cercano a la población, recuerda el lugar en el que
fue tiroteada con su hijo en el regazo esta segadora analfabeta que reclamaba junto a otros asalariados mejores
condiciones de trabajo. Esta historia inspiró una de las
canciones más bonitas de la música portuguesa, *Cantar
Alentejano,* del cantautor Zeca Afonso.

▌ VILA DE FRADES Y SÃO CUCUFATE ✱✱

Vila de Frades es una *freguesia* de Vidigueira famosa por
la fiesta anual del vino que organiza a principios de diciembre, la **Vitifrades**. Está considerada la capital del vino
de *talha* (tinaja). Esta tradición, iniciada por los fenicios y
divulgada por los romanos, sembró raíces en estas tierras
repletas de vides. Los enófilos deberían recorrer las bodegas y tabernas de esta pequeña población y sus aledaños
hasta alcanzar un éxtasis báquico. La mejor manera de conocer el proceso de elaboración de esta técnica milenaria
es visitando el **Centro Interpretativo do Vinho de Talha**.

Si se sigue por la N258 en dirección a Alvito, se recomienda tomar el desvío hacia las **ruinas romanas de
São Cucufate**, que comprenden tres fases: una primera
villa del siglo I d.C., una segunda de un siglo después y
una villa áulica del siglo IV d.C. Esta última villa palaciega
conserva varios vestigios en buen estado, como un templo romano, unas termas, parte de la fachada principal y
unos graneros abovedados que en la Edad Media serían
reconvertidos en una pequeña iglesia. Esta capilla aún
atesora algunos frescos, entre los que destaca el retablo pintado por José de Escovar, de finales del siglo XVI
o principios del XVII. Las golondrinas, con sus nidos de
barro, hacen acto de presencia sobrevolando el interior
de este templo encantado.

CUBA ✳

Dicen que Colón era portugués. Y uno de los argumentos más sólidos para afirmarlo es el nombre de esta pequeña población alentejana, que parece ser que dio el nombre a la república insular caribeña. Hay dos teorías sobre el origen de su nombre: unos dicen que proviene del término árabe *coba*, diminutivo de torre, mientras que otros lo achacan a la abundancia de cubas (barriles) de vino que había en esta población de larga tradición enológica.

Esta población se caracteriza por sus rasgos típicamente alentejanos, con sus bodegas y tabernas populares y con oficios artesanales que luchan contra la tecnocracia de los tiempos modernos. Destacan la **iglesia matriz de São Vicente**, con una fachada blanca con contornos granates y un valioso Tesoro en el interior. Los más curiosos no deberían perder la oportunidad de adentrarse en el **Centro Cristobal Colón**, un vivo alegato a favor del lusitanismo del «descubridor de América», situado junto a la oficina de turismo. Asimismo, el **Ecopalacete Borralho Relógio**, con ricos detalles modernistas, organiza visitas guiadas con reserva previa.

Fuera de Cuba, se recomienda visitar **Vila Alva**, un pueblecito pintoresco que como su nombre indica se caracteriza por la blancura de sus edificios. La **iglesia matriz**, con un campanario cilíndrico parecido al de la iglesia de la vecina **Vila Ruiva**, respira un cierto aire exótico. En Vila Alva también se encuentra un **museo de arte sacro y arqueología**, al que solo se accede mediante reserva previa de 48 h de antelación.

ALVITO ✳

Hasta el siglo XIX, Alvito fue un municipio con un fuerte desarrollo e incluso se convirtió en uno de los principales centros económicos y políticos del Alentejo. De aquel pasado de esplendor, la herencia más valiosa es la cantidad de **elementos de arquitectura manuelina** que se descubren paseando por la villa. Uno de los mejores ejemplos (aunque también con influencias góticas e islámicas) es el **castillo**, construido a finales del siglo XV sobre las ruinas de otra fortificación. Tuvo la función de residencia real y actualmente pertenece a la red de *Pousadas de Portugal*. El bar y el restaurante están abiertos a todo el mundo, y es una buena excusa para apreciar intramuros esta joya arquitectónica.

La **iglesia matriz** de Nossa Senhora da Assunção y la **ermita de São Sebastião**, ambas del siglo XVI, son dignas de mención, así como las **Grutas do Rossio**, una cantera del siglo XIII que unía de forma subterránea las casas ricas de la villa. Actualmente están cerradas.

- ✉ 8 km al SO de Vila de Frades. 21 km al N de Beja
- 🛈 Turismo Cuba: Largo Cristóvão Colon
- ☎ 284 419 900
- ✉ biblioteca@cm-cuba.pt

Centro Cristobal Colón
- ✉ Largo Cristóvão Colon
- 🕐 De lun. a vier., de 9 h a 12.30 h y de 14 h a 17.30 h; fines de semana, de 9.30 h a 13 h y de 14 h a 17.30 h
- ☎ 284 419 900
- 🎫 Gratis

Museo de arte sacro de Vila Alva
- ✉ Rua da Misericórdia
- ☎ 284 495 177
- ✉ scm@vilaalva.iol.pt
- 🎫 Gratis

Ecopalacete Borralho Relógio
- ✉ Rua Doutor de Almeida Tojeiro, 6
- ☎ 960 321 941
- ✉ www.pbr.pt

- ✉ 38 km al NO de Beja. 11 km al S de Viana do Alentejo
- 🛈 Turismo Alvito: Largo do Relógio, 11
- ☎ 284 480 808
- ✉ turismo@cm-alvito.pt

▼ Pousada Castelo do Alvito.

📧 24 km al O de Beja
ℹ️ Turismo Ferreira do
Alentejo: Av. Gago Coutinho
e Sacadura Cabral
☎ 284 739 620
💻 turismo@cm-ferreira-
alentejo.pt

▶ Capilla do Calvário
en Ferreira do Alentejo.

I FERREIRA DO ALENTEJO   *

Si pasa por Ferreira do Alentejo, conocida por sus muebles de madera, puede hacer una parada en la curiosa **capilla do Calvário**, también conocida como capilla de Santa Maria Madalena. Su arquitectura singular hace que este pequeño templo del siglo XVI sea un icono de la villa. Inicialmente, se encontraba en la Rua do Calvário, pero en 1868 fue reconstruida en el lugar

actual. De planta cilíndrica, esta obra de mampostería tiene una bóveda cupular rematada por una pequeña linterna hexagonal. Las piedras incrustadas en la pared representan la escena bíblica del Calvario, aunque según algunos también pueden significar las piedras que Jesucristo evitó que lanzaran a la pecadora santa prostituta.

¿Sabías que...?
En 2017 la Unesco declaró Reserva de la Bioesfera el municipio de Castro Verde. Se trata de la única reserva de estas características en todo Portugal que se halla al sur del río Tajo.

📧 15 km al E de Ourique. 44
km al SO de Beja. A 7 km de
la A2
ℹ️ Turismo Castro Verde: Rua
D. Afonso Henriques
☎ 286 328 148
💻 posto.turismo@cm-
castroverde.pt

I CASTRO VERDE   **

Su nombre deriva de haber sido un castro romano del periodo lusitano, aproximadamente en el 2.500 a.C. El hecho de encontrarse junto a la A2 facilita el acceso desde Lisboa o el Algarve. Se trata de una villa típicamente alentejana, que puede presumir de tener una de las ferias populares más importantes de la región. La **Feira de Castro**, celebrada durante la tercera semana

▲ Campo alentejano al comienzo de la primavera.

de octubre, congrega a miles de personas ansiosas de estas fechas, en las que artesanos y otros comerciantes, se entremezclan con la música popular. La guitarra *campaniça*, propia de esta zona, acompaña a los cantores de *baldão* y *despique*, dos estilos del tradicional cante alentejano, un género musical característico sobre todo del Baixo Alentejo que quizá pueda escuchar una tarde en alguna de sus típicas tabernas. Incluso la reconocida fadista Mariza tiene una canción llamada *Feira de Castro* dedicada al encanto de esta fiesta.

Castro Verde dispone de algunos monumentos y museos destacados. La **iglesia matriz** de Nossa Senhora da Conceição, también conocida como Basílica Real, guarda en su interior el **Tesouro** (un museo de arte sacro) y un importante panel de mosaicos policroma-

Tesouro
✉ Praça do Município
🕐 De mar. a dom., de 10 h a 13 h y de 14 h a 17.30 h
💰 Barato

Museu da Lucerna
- Largo Victor Prazeres
- De mar. a dom., de 10 h a 12.30 h y de 14 h a 17.30 h
- Gratis

Molino de Viento
- Largo da Feira
- Visita bajo reserva o cuando esté en funcionamiento
- 286 328 148

Museu da Ruralidade
- Rua de Santa Madalena (Entradas)
- De 10 h a 12.30 h y de 14 h a 18 h. Cierra lunes

Centro de Educação Ambiental do Vale Gonçalinho
- Herdade do Vale Gonçalinho
- 286 328 309
- www.lpn.pt; https://programa-castroverdesustentavel.blogspot.com

• • • • • • • • •

- 21 km al S de Castro Verde. 41 km al SO de Mértola
- Turismo Almodôvar: Convento Nossa Senhora da Conceição, Rua do Convento
- 286 662 057
- turismo@cm-almodovar.pt

Museu da Escrita do Sudoeste
- Rua do Relógio
- De 9 h a 13 h y de 14 h a 18 h
- Gratis

Museu Severo Portela
- Rua de Beja, 2
- Igual que el anterior
- Gratis

• • • • • • • • •

- 10 km al SO de Almodôvar

Museu Arqueológico y Etnográfico
- De 10 h a 13 h y de 14 h a 18 h
- 286 474 219

dos del siglo XVIII que representan la heroica Batalla de Ourique (1139), en la que Afonso Henriques derrotó al ejército musulmán, que era bastante más numeroso.

Los amantes del imperio romano podrán visitar el **Museu da Lucerna**, con un gran número de estos artilugios para iluminar del siglo I al III d.C. En 2003 el Ayuntamiento recuperó un **molino de viento** que llevaba más de 60 años inactivo, que se puede visitar siempre que esté en funcionamiento.

Entre otras cosas, fuera de la villa pero dentro del municipio puede disfrutar del **Museu da Ruralidade** en la *freguesia* de Entradas; del **castillo de Montel**, también conocido como Velho de Cobres y que es una fortificación anterior a los tiempos romanos; y de la preciosa **ermita de Nossa Senhora de Aracelis**, una de las más bonitas del Alentejo que se encuentra en la *freguesia* de São Marcos de Ataboeira, en lo alto de una colina con vistas a las llanuras de extensos campos de cultivo.

La abundancia de especies ornitológicas en esta tierra hace que el **Centro de Educação Ambiental do Vale Gonçalinho** organice visitas guiadas para la observación de aves.

❚ ALMODÔVAR ✱

No son muchos los que saben que en esta tierra, conocida por una larga tradición de zapatería artesanal, existe un museo dedicado a la escritura más antigua de la Península Ibérica. El **Museu da Escrita do Sudoeste** expone estos vestigios procedentes de la Edad Hierro, entre el siglo VIII y el V a.C. Asimismo, aquí se encuentra el **Museu Severo Portela**, dedicado a este pintor del siglo XX que, pese a no ser natural de Amodôvar, contribuyó con ahínco a preservar la memoria histórica de esta población y el Alentejo. Aparte de sus obras, también se halla una exposición dedicada a los zapateros artesanales, debido a la larga tradición de este arte aquí, sobre todo entre las décadas de 1940 y 1970. Una impresionante escultura metálica homenajea este oficio en peligro de extinción. La **iglesia matriz** de São Ildefonso, con trazos manieristas, barrocos y neoclásicos, también merece ser destacada.

❚ SANTA CLARA-A-NOVA ✱

A 10 km de Almodôvar por la N393, que conecta la ciudad con la A2, se encuentra este pueblecito. Aparte del **Museu Arqueológico e Etnográfico**, a 3 km de esta *freguesia* almodovarense, por un camino de tierra batida, se llega a la **Mesa dos Castelinhos**, una importante estación arqueológica con varios vestigios que se remontan a los siglos IV y V a.C.

❙ OURIQUE ✱

En esta población se puede encaramar a un mirador con un jardín en el que restan las ruinas de un castillo. Desde allí vale la pena maravillarse con las extensas llanuras de los campos de Ourique, que fueron escenario en el año 1139 de la celebrada Batalla de Ourique.

Aparte de la **iglesia matriz**, uno de los mayores atractivos del municipio es el parque arqueológico de **Castro da Cola**, a unos 12 km al sur. Este espacio integra varios monumentos megalíticos, poblados calcolíticos y necrópolis de la Edad de Hierro y de Bronce. En las inmediaciones se halla la **iglesia** del siglo XVII **de Nossa Senhora da Cola**, uno de los templos más peregrinados del Baixo Alentejo. La romería anual es el 8 de septiembre.

✉ 15 km al O de Castro Verde. A 6 km de la A2
ℹ Turismo Ourique: Praça Comarca de Ourique, 3
☎ 286 510 414
✉ turismo@cmourique.pt

❙ ALJUSTREL ✱

En una tierra con una amplia tradición minera, el **Museu Municipal de Aljustrel** dispone de varios núcleos independientes.

El primero es el **Núcleo de Arqueología**, con cinco salas dedicadas a la prehistoria, la geología, la minería romana, la minería contemporánea y a los diversos espacios y rituales mortuorios. El segundo es el **Núcleo da Central de Compressores de Algares**, con diversas máquinas y herramientas vinculadas a la explotación minera contemporánea. El tercero, es el **Núcleo Rural de Ervidel**, una *freguesia* de Aljustrel conocida entre otras cosas por su buen vino y por encontrarse junto al bonito embalse de Roxo (*barragem do* Roxo), en el que se realizan diversas actividades acuáticas como el piragüismo. Asimismo, se puede visitar un molino de viento.

✉ 23 km al N de Castro Verde. 36 km al SO de Beja
ℹ Turismo Aljustrel: Jardim 25 de Abril-Av. 1º de Maio
☎ 284 600 070 (extensión 4)
✉ turismo@mun-aljustrel.pt

Museu Municipal
✉ Rua S. João de Deus, 19
🕐 De mar. a vier., de 9.30 h a 12.30 h y de 14 h a 17.30 h; sábados, de 10 h a 12.30 h y de 14 h a 17 h

▼ Molino de viento de Maralhas, en la localidad de Aljustrel.

El **Alentejo litoral**

Hay playas de extensos arenales, otras se hallan ocultas entre altos acantilados. Las hay en pueblos pesqueros, unos más turísticos que otros, hay otras salvajes, recónditas, desiertas, para todos los gustos. La marea de turistas, los menús solo en inglés o alemán y las langostas con calcetines blancos y chanclas aún no han rebasado tanto las fronteras del Algarve. Pero en el litoral alentejano no solo huele a salitre. Ríos como el Sado y el Mira y embalses rodeados de naturaleza virgen embelesan a cualquier visitante. Los vestigios de diversas civilizaciones y un rico patrimonio cultural, gastronómico y de tradiciones vivas seducen a los viajeros año tras año.

Santiago do Cacém

Coronada por el castillo y una hermosa iglesia, esta ciudad guarda uno de los legados arqueológicos y monumentales más importantes del litoral alentejano. Se caracteriza por el buen estado de conservación de los jardines y calles. El casco antiguo tiene todo el suelo adoquinado, por lo que si se decide subir en coche hasta el Castelo se recomienda ir con precaución, y aún más si está lloviendo.

Tras varias épocas turbulentas en las que el poder pasó de manos cristianas a islámicas más de una vez, en 1217, con la conquista de la Orden de Santiago de Espada a los almohades, se bautizó definitivamente al poblado como Santiago do Cacém.

Cuenta la leyenda que una princesa bizantina, llamada Bataça Lascaris, llegó del Mediterráneo oriental y atracó en Sines con un ejército bien armado. Tras desembarcar, atacó un poblado islámico gobernado por un señor llamado Kassem, al que sesgó la vida, y el 25 de julio, día de Santiago el Apóstol, conquistó el castillo, motivo por el cual bautizó la villa como Santiago do Cacém.

Pero, sin lugar a dudas, uno de los mayores alicientes para visitar esta ciudad es su grandioso pasado arqueológico. A sus afueras, se encuentran las ruinas de la ciudad de **Miróbriga**, popularmente conocidas como ruinas romanas. Sin embargo, los vestigios encontrados asoman un patrimonio celta e incluso anterior que sería romanizado en el siglo I d.C. con la llegada de las legiones del César y que acabarían por consolidar su esplendor histórico.

Hasta finales del siglo XIX, la principal actividad económica de Santiago do Cacém fue la agricultura, con grandes haciendas rurales controladas por propietarios ricos y fastuosos. Un dato curioso que demuestra esta exuberancia es la llegada del primer automóvil a Portugal en 1895, propiedad del oriundo **conde de Avillez**. Algunos de los monumentos más importantes del casco antiguo son el **palacio** de esta familia noble; la **Casa das Heras**, con una curiosa fachada forrada de enredaderas; la **capilla de São Pedro**, el **Pelourinho de la Praça Conde de Bracial** y la **iglesia da Misericórdia**, con tres arcos y un imponente portal manuelino en la fachada lateral izquierda.

Dos de los personajes más ilustres de esta población son Manuel da Fonseca, uno de los escritores que consiguió describir mejor la esencia del Alentejo, y António Chainho, uno de los grandes músicos de guitarra portuguesa de la actualidad.

▲ Iglesia matriz de Santiago de Cacém, declarada Monumento Nacional.

◄ Playa de Porto Covo al atardecer con la Ilha do Pessegueiro al fondo.

Las estaciones más cercanas son las de Grândola, 24 km al NE, y Ermidas Sado, a 27 km al E
☎ 210 900 032
🖱 www.cp.pt
Rua Cidade de Setúbal, 14
☎ 269 818 750
🖱 www.rodalentejo.pt
Turismo Santiago do Cacém: Mercado Municipal, Praça do Mercado
☎ 269 826 696
🖱 turismo@cm-santiagocacem.pt

▲ Murallas del castillo de Santiago do Cacém perteneciente a la Orden de Santiago.

A todos estos encantos se debe añadir el hecho de encontrarse a 20 km de la bonita playa de Lagoa de Santo André o de la ciudad de Sines, otro motor económico y cultural de la costa del Alentejo.

LO QUE HAY QUE VER EN SANTIAGO DO CACÉM

❙ CASTELO   ✱

Declarada Monumento Nacional en 1910, esta fortificación debe sus orígenes al periodo islámico. Tras la reconquista cristiana, en 1217 el rey Afonso II mandó construir un castillo sobre los antiguos cimientos y lo donó a la Orden de Santiago.

Su ubicación privilegiada proporciona unas vistas esplendorosas al mar y Sines. La planta es rectangular y conserva nueve torres, la décima fue derrocada en 1796.

Curiosamente, el cementerio de la ciudad se encuentra en el interior del castillo. En la puerta de acceso se pueden observar los blasones de Portugal y de la Orden encargada de proteger a los peregrinos del Camino de Santiago.

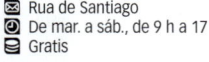

✉ Rua de Santiago
🕐 De mar. a sáb., de 9 h a 17 h
💲 Gratis

❙ IGLESIA MATRIZ DE SANTIAGO DO CACÉM   ✱✱

Fue declarada Monumento Nacional simultáneamente al castillo. Construida a finales del siglo XV, sufrió varias modificaciones, sobre todo tras los daños sufridos durante el terremoto de 1755. De los vestigios previos al sismo, destaca la **Porta do Sol**, un pórtico lateral de estilo gótico del siglo XIII o XIV, decorado con representaciones animales y vegetales, que era la puerta principal. Por este motivo hay quien dice que la iglesia se levantó sobre los cimientos de una mezquita, ya que este acceso está orientado hacia la Meca. La fachada principal tiene los rasgos característicos de las iglesias alentejanas, blanca con los bordes amarillos. En la parte superior del arco del portal principal, la Cruz de Santiago recuerda a los fundadores del templo. Delante, en la parte inferior de la escalinata, un escudo con una vieira y una calabaza evoca la función peregrina de la iglesia y la ciudad, que está hermanada con Santiago de Compostela.

Del interior destaca un **alto relevo gótico**, que representa a un caballero de la Orden luchando contra los moros, y el ostentoso **relicario del Santo Leño**. A unos metros de la iglesia, se puede observar un crucero de 1940.

▲ El molino de viento llamado Moinho da Quintinha.

▌MUSEU MUNICIPAL DE SANTIAGO DO CACÉM ★★

Situado en la plaza principal, junto al jardín municipal, en el edificio de una antigua cárcel, este museo alberga un importante patrimonio arqueológico y de numismática, gracias a la colección privada que João da Cruz e Silva donó al municipio.

Destaca la colección de monedas, con piezas que van desde el siglo III a.C. a la instauración de la República en 1910. Otras donaciones completan la exposición con una rica muestra etnográfica. El **Museu do Trabalho Rural** de **Abela**, un pueblo pintoresco a 15 km de Santiago, recoge un importante legado etnográfico de la región y complementa lo expuesto en este museo.

✉ Praça do Município
🕐 De mar. a vie., de 10 h a 12 h y de 14 a 16.30 h, sáb., de 12 h a 18 h
💶 Barato

Museu do Trabalho Rural
✉ Largo 5 de Outubro.
🕐 De mar. a vie., de 14 a 18 h. Los sábados, de 10 h a 18 h
💶 Gratis

▌MOINHO DA QUINTINHA ★★

Saliendo de la ciudad por la Rua da Cidade de Beja, tras una curva de 90 grados encontrará un desvío hacia el Moinho da Quintinha. Cuando el viento lo permite, se pueden apreciar los procesos tradicionales de moler el trigo y el maíz. En 1982 fue rehabilitado para fines turísticos y pedagógicos.

✉ Estrada das Cumeadas (EN550)
🕐 De 9 h a 13 h y de 14 a 19 h. Cierra domingos y lunes
💶 Gratis

▌MUSEU DA FARINHA ★★

¿Qué sería el Alentejo sin sus extensos trigales? ¿Qué sería Portugal sin el pan alentejano? Este museo situado en la freguesia de São Domingos, a 7 km de Santiago do Cacém dirección Cercal, en una antigua fábrica de molienda, expone todo el proceso de fabricación del pan a lo largo de su historia, desde los segadores y segadoras que cortaban el trigo hasta el pan que llegaba a la mesa.

✉ Rua 1.º de Maio, 36, São Domingos
🕐 Juev. y vier., de 14 a 18 h
🌐 www.museudafarinha.pt
💶 Barato

▌RUINAS DE MIRÓBRIGA (▶37) ★★★

UN PASEO EN COCHE

El Sudoeste Alentejano

Distancia
90 km

Duración
1-2 días

Punto de inicio
Porto Covo

Punto de llegada
Odemira

▌Partiremos de **Porto Covo** (▶35), o bien bordeando la costa hacia el sur (2 km) o bien saliendo de la población y cogiendo la carretera comarcal (6 km), y nos dirigiremos a la playa de la **Ilha do Pessegueiro.** Para no perderse, siga las indicaciones hacia el *camping*.

Si el tiempo acompaña, se pueden sofocar las altas temperaturas con un buen chapuzón. En verano, partiendo del puerto de pesca de Porto Covo, se puede visitar la isla, que alberga un fuerte y unas cisternas de la época romana utilizadas para salar el pescado.

▌Regresaremos a la carretera comarcal y nos dirigiremos hacia **Vila Nova de Milfontes** (▶110), a unos 13 km, localidad con bastante turismo en los meses veraniegos en la que se practican numerosos deportes de aventura. Aparte de la playa, se puede admirar el castillo, conocido como Fuerte de São Clemente.

Si proseguimos por la N393 hacia el sur, cortaremos a la derecha cuando indique **Praia de Almograve**, a unos 8 km.

▌Tras cruzar la población, nos daremos de bruces con una de las playas más bonitas de toda la costa alentejana.

▼ El faro del Cabo Sardão y un refugio de cigüeñas, aves que nidifican en las rocas del cabo.

Regresaremos al pueblo de Almograve y seguiremos las indicaciones hacia el **Cabo Sardão** (▶110). Antes de llegar, se tendrá que cruzar la localidad de Cavaleiro, donde se podrá hacer una parada técnica para hincharse a base de percebes.

▌Un faro rojo y blanco da la bienvenida desde la carretera. El Cabo Sardão es uno de los parajes más asombrosos del Parque Natural del Sudoeste Alentejano y la Costa Vicentina. Los acantilados y farallones azotados por la fuerza del viento y de las aguas dan cobijo a varias aves, entre las que desatacan las cigüeñas, ya que no es muy común que nidifiquen tan cerca del mar.

Al cruzar otra vez Cavaleiro, siga las indicaciones hacia **Zambujeira do Mar** (▶110), a unos 14 km del cabo, pintoresca localidad de casitas blancas con una extensa playa.

▌Cruzando la playa de Zambujeira en dirección hacia el sur, se llega a una carretera que conduce directamente a la **Praia do Carvalhal** (4 km), una de las más bonitas.

Para acabar el recorrido, nos dirigiremos hacia la N120 hasta llegar a **Odemira** (▶111).

Resto del Alentejo litoral

ALCÁCER DO SAL　　　　　　　　　✱

Bajando por la A2 desde Lisboa en dirección al Algarve, se encuentra esta población atravesada por el río Sado. Encaramado en lo alto de una colina, se asoma vigilante su **castillo**, que permite visitar el museo subterráneo de la **Cripta Arqueológica** o alojarse en la Pousada D. Afonso II. También existe la posibilidad de visitar unas **ruinas romanas**, no demasiado bien conservadas, y la **iglesia de Santa Maria do Castelo**, donde un característico nido de cigüeñas indica que ya estamos en el Alentejo. Para demostrar la importancia de esta fortificación basta con recurrir al origen etimológico de Alcácer, una derivación de *Al-Kassr*, que en lengua árabe significa castillo. Las maravillosas vistas de los tejados rojizos, las aguas del Sado, los puentes y los fértiles campos de cultivo que se extienden por la región hacen que merezca la pena subir hasta la fortificación.

- 89 km al SE de Lisboa por la A6. 31 km al E de Comporta
- Turismo Alcácer do Sal: Largo Luís de Camões
- 265 009 987 / 911 794 687
- turismoalcacer@m-alcacerdosal.pt

Cripta Arqueológica
- Rua do Convento de Aracoelli, 12
- Jul. y ago., de 9.30 h a 13 h y de 15 h a 18.30 h; resto del año, de 9 h a 12.30 h y de 14 h a 17.30 h. Cierra lunes
- Barato

SANTA SUSANA　　　　　　　　　✱✱

Si desde Alcácer do Sal se sigue por la N253 dirección Montemor-o-Novo, se llega a uno de los pueblecitos más pintorescos y mejor conservados de todo el Alentejo. La mayoría de las casas son de color blanco con los zócalos en tonos azules y los cristales, con ventanales rojos, dejan entrever los típicos encajes a modo de cortinas. Aparte de la iglesia, destaca el embalse Pego do Alter, un paraíso oculto a un kilómetro de la población.

- 18 km al NE de Alcácer do Sal

TORRÃO　　　　　　　　　　　　　✱

En esta población se halla, instalado en un antiguo lagar del siglo XVIII, un **museo etnográfico,** con exposiciones temporales sobre las tradiciones de Torrão y sus aledaños.

- 35 km al SE de Alcácer do Sal; 14 km al SO de Alcáçovas

Museu Etnográfico
- Rua das Torres
- De martes a viernes y el primer y tercer sábado de cada mes, de 9 h a 13 h y de 14 h a 17 h
- 265 669 203

CARRASQUEIRA　　　　　　　　　✱✱

Pequeña localidad pesquera en plena ribera de la Reserva Natural del Estuario del Sado, a 4 km de Comporta. Carrasqueira destaca por su peculiar muelle palafítico, fabricado con estacas de madera, que fue construido para que los pescadores pudieran acceder a las embarcaciones sin tener que depender del estado en que se encontraba la marea. Los antiguos pajeros construidos con cañizo y madera son otro ejemplo arquitectónico singular.

- 29 km al O de Alcácer do Sal

📧 32 km al O de Alcácer do
Sal 14 km al SE de Tróia

📧 14 Km al NO de Comporta
🌐 www.atlanticferries.pt

Ruinas
🏛 www.troiaresort.pt
📧 5 km al SE de Tróia y a poco
más de 1 km al NO del
nuevo puerto de *ferrys*
💶 Moderado

¿Sabías que...?
En los últimos años, un movimiento ciudadano se ha
organizado para denunciar
una subida injustificable
de los precios del ferry, en
gran parte debido a que la
península de Tróia se ha convertido en un reducto elitista
para la jet set portuguesa y
del mundo.

▶ *Ferry* de la compañía
Atlantic Ferries, que sale
desde Setúbal.

📧 24 Km al S de Alcácer.
32 km al SE de Comporta
ℹ Turismo Grândola: Praça D.
Jorge, 12 B
☎ 269 750 429
📧 turismo@cm-grandola.pt

📧 34 km al SO de Grândola.
12 km al NO de Santiago
do Cacém

COMPORTA ✱

Famosa por su playa y los arrozales, Comporta es muy
frecuentada incluso por ciudadanos de la vecina Setúbal ansiosos por comer un sabroso plato de pescado,
marisco o carne acompañado de buen arroz.

TRÓIA ✱

Una curiosa forma de entrar en el Alentejo litoral sin
tener que pasar por Alcácer do Sal es coger el *ferry*
desde Setúbal y atravesar todo el estuario. Tróia ha
cambiado bastante en los últimos años con la instalación de un hotel-resort con golf y varias viviendas no
aptas para todos los bolsillos. Pasear por la orilla hacia

la desembocadura es una experiencia única si nos dejamos anestesiar por las dunas. Si decide bañarse en las
gélidas aguas, cuidado con las medusas. Aparte de la
playa, uno de los mayores atractivos es la observación
de delfines y unas **ruinas romanas**, reabiertas en 2011.

GRÂNDOLA ✱

Más hacia el sur, nos encontramos con una población
internacionalmente conocida gracias a Zeca Afonso. Si
se entra por el norte, al pasar una glorieta se puede
ver en una plaza un **monumento en homenaje al 25
de Abril** con la partitura de «Grândola, Vila Morena».
Esta canción fue un símbolo de la Revolución de los
Claveles y una de las señas usadas por los militares
para rebelarse contra la dictadura de Salazar al sonar en
la Radio Renascença estando prohibida por el régimen
fascista. La primera vez que el popular cantautor ya
fallecido tocó la canción fue en Santiago de Compostela
en 1971. El sol intenso tuesta las pieles morenas de esta
«tierra de fraternidad».

BADOCA PARK SAFARI ✱✱

A 6 km de Santiago do Cacém por la N261, este parque
temático es un buen plan para ir con niños. Entre muchas de las cosas que ofrece, destaca el espectáculo

con lémures, especie única de Madagascar, una presentación de aves de presa, un circuito a modo de safari en un tractor con remolques entre jirafas, tigres, búfalos, avestruces, cebras y otras especies salvajes, la isla de los primates y el *rafting* africano. Una forma lúdica y pedagógica de divertir a los más pequeños.

❙ LOUSAL ✱

Entre 1900 y 1988 esta pequeña población minera vivió de la extracción de pirita para la producción de ácido sulfúrico. Tras el cierre de la mina, el espacio fue rehabilitado para rememorar, conservar y dar a conocer todo el patrimonio geominero. En 2010 se inauguró el **Centro Ciência Viva Lousal-Mina da Ciência**, pensado para introducir a los más pequeños en el mundo de la minería. El **Museu Mineiro**, un centro de artesanía, un hotel rural y un restaurante regional completan el abanico de ofertas que ofrece este interesante pueblo de interior.

❙ SINES ✱✱

En Sines se acaba el arenal de más de 60 kilómetros que recorre el litoral desde Tróia y empieza la costa recortada por la furia del viento. La belleza de la orilla sería insuperable si no fuera por las chimeneas de la petroquímica, un inevitable símbolo de la ciudad. Sin lugar a dudas, se trata de uno de los motores económicos del litoral alentejano; no solo por su actividad industrial, sino también por la importancia comercial de su puerto.

Se recomienda subir al **castillo**, y contemplar el muelle y la playa desde las murallas. Junto a ellas, una **estatua de Vasco da Gama** recuerda a uno de los personajes más ilustres de la ciudad, el primer navegador que trazó la ruta oriental de Portugal a la India. En el interior de la alcazaba se puede visitar el **Museu de Sines** y la **Casa de Vasco da Gama**.

En 2005 se inauguró el **Centro de Artes de Sines**, proyectado por el taller de arquitectos del reputado Aires Mateus. El diseño vanguardista lo hizo merecedor

🕐 Todos los días, de 9.30 h a 19.30 h; en invierno hasta las 17.30 h
💻 www.badoca.com
💶 Caro

• • • • • • • •

✉ 31 Km al E de Santiago do Cacém

Centro Ciência Viva
✉ Avenida Frédéric Velge
🕐 De mar. a dom., de 10 h a 18 h
☎ 269 750 520
💻 www.lousal.cienciaviva.pt

Museu Mineiro
✉ Antigua mina
🕐 Cerrado temporalmente

• • • • • • • •

✉ 41 km al SO de Grândola
ℹ Turismo Sines: Rua Francisco Luís Lopes, 62
☎ 269 860 097
💻 turismo@mun-sines.pt

Castillo y museo
🕐 De mar. a dom., de 10 h a 13 h y de 14 h a 17 h, en verano de 10 h a 13 h y de 14.30 h a 18 h

Centro de Artes
✉ Rua Cândido dos Reis
💻 www.sines.pt

▲ Entre las variadas especies de animales los lémures son las estrellas del Badoca Park.

▲ Estatua de Vasco da Gama junto a las murallas de Sines.

· · · · · · · ·

✉ 32 km al S de Sines
ℹ Turismo Vila Nova de Milfontes: Rua António Mantas
☎ 283 996 599
🖰 turismo.milfontes@cm-odemira.pt

· · · · · · · ·

✉ 20 km al S de Vila Nova de Milfontes

· · · · · · · ·

✉ 28 km al S de Vila Nova de Milfontes
ℹ Turismo Zambujeira do Mar: Rua da Escola
☎ 283 961 144
🖰 turismo.zambujeira@cm-odemira.pt

del Gran Premio Ascensores Enor en 2006. El espacio integra una sala de exposiciones, un auditorio para conciertos, una biblioteca y el archivo histórico municipal. Dispone de un bar panorámico y de un aparcamiento subterráneo.

A mediados de julio, la ciudad organiza junto a la vecina villa de Porto Covo el **Festival de Músicas do Mundo** de Sines, el más importante del país en *world music*.

❚ PORTO COVO (▶35)   ★★★

❚ VILA NOVA DE MILFONTES   ★

Viniendo desde el norte, a 20 km de Porto Covo, justo en la desembocadura del río Mira, se halla esta bonita población pesquera. Pese a haber perdido un poco el encanto de unos años atrás debido a la explotación turística, también puede decirse que dispone de todas las infraestructuras necesarias para pasar unos días de sol y playa sin tener que desplazarse en coche. Las ofertas de ocio están aseguradas. Dos de los mayores atractivos monumentales son el **Fuerte de São Clemente**, también conocido como Castelo de Vila Nova de Milfontes, que fue un importante punto de defensa para repeler las invasiones piratas del norte de África del siglo xv y que actualmente es de propiedad privada, y la **iglesia de Nossa Senhora de Graça**, con los rasgos típicos de la arquitectura alentejana: paredes encaladas y blancas y zócalos y bordes añiles.

❚ CABO SARDÃO   ★★★

Si se sigue bajando por la N393, a 1 km de Cavaleiro, pueblo conocido por sus percebes y el sargo, se dará de bruces con el Cabo Sardão. Se trata del punto más occidental de la costa alentejana. Se recomienda aparcar el coche y, bordeando a pie por la izquierda el faro y un campo de futbol, llegar a la orilla del Atlántico. Es un lugar ideal para abstraerse y dialogar con la naturaleza, para comprender el genio del viento y su persistencia en esculpir los farallones como si se tratara de esculturas de piedra. Este rincón es propiedad de las cigüeñas, que anidan en los acantilados más vertiginosos diseñando auténticas obras de ingeniería.

❚ ZAMBUJEIRA DO MAR   ★★

Esta bonita población pesquera de menos de mil habitantes, que es una *freguesia* perteneciente a São Teotónio, ve cómo al acercarse el verano las casitas blancas y la playa son invadidas sobre todo por portugueses ansiosos de pasar unos días relajados entre familia y amigos. Es un destino bastante turístico, por lo que no faltan ofertas de ocio. Agosto es un mes muy intenso en Zambujeira. Se organiza el **Festival do Sudoeste**, de un gran renombre internacional entre los amantes de la buena música. El día 15 se celebran las fiestas de la patrona y el 29 se realiza la feria anual. La **iglesia de Nossa Senhora do Mar**, asomada en un balcón abierto hacia la playa y el mar, es de una gran belleza.

A unos 3 km, en **Entrada da Barca**, un pequeño puerto pesquero, se pueden degustar buenos platos de pescado fresco y marisco. Durante un fin de semana del mes de junio, **São Teotónio**, a 8 km de Zambujeira do Mar, celebra el **Festival dos Mastros**, que en todos los años impares engalana sus calles con flores de papel.

▲ Iglesia de Zambujeira do Mar.

ODEMIRA   ✳

Es la población más importante del suroeste del Alentejo. Bañada por las aguas del río Mira, los campos verdes resplandecen en el bonito valle que resguarda la ciudad. Se recomienda subir hasta la **Biblioteca Municipal** para contemplar las casas blancas y amarillas típicamente alentejanas. Las murallas de un antiguo castillo musulmán, las **iglesias de São Salvador y Santa Maria**, y una bonita **fuente en la Praça Sousa Prado** son algunos de los atractivos de esta entrañable villa de interior. Se recomienda pasear a pie por la orilla del río o incluso disfrutar de un paseo en barco.

Saliendo de Odemira, se puede visitar el **Pego das Pias**. Se trata de un recóndito laguito de aguas cristalinas. Para ello, hace falta dejar el coche (si no se va en todoterreno) tras cruzar el puente de la ribera de Torgal, y seguir a pie por un camino durante 2 km hasta llegar a este espacio paradisíaco. Se recomienda preguntar antes por el estado en que se encuentra en el punto de información turística.

✉ 20 km al NE de Zambujeira do Mar. 25 km al SE de Vila Nova de Milfontes
ℹ Turismo Odemira: Praça José Maria Lopes Falcão
☎ 283 320 986
✉ turismo.zambujeira@cm-odemira.pt

PONTE DE DONA MARIA   ✳

Si nos adentramos por la sinuosa N123 viniendo de Odemira y continuamos por la N997 llegamos a la remota **Santa Clara-a-Velha**, donde hay un cartel que indica «Ponte de Santa Maria». Deje el coche junto a la carretera y camine unos 100 metros. Este puente romano destruido está oculto en un oasis de tranquilidad. Las hojas verdes de los árboles flotan sobre las aguas del río como si se tratara de un tapiz hecho a medida. A unos 5 kilómetros del pueblo, podrá disfrutar del **embalse de Santa Clara**, un paraíso aislado de cualquier bullicio.

✉ 33 km al SE de Odemira por la N120

P. N. DEL SUDOESTE ALENTEJANO   ✳✳✳

En 1995 se determinó la zona del Parque Natural del Sudoeste Alentejano y la Costa Vicentina, que comprende parte de la costa del Alentejo y del Algarve. Como su

✉ Sede: Rua Serpa Pinto, 32. Odemira
☎ 283 322 735
✉ www.natural.pt; www.icnf.pt

▲ Las escarpadas costas son aprovechadas por las cigüeñas para anidar.

nombre indica, el Sudoeste Alentejano integra toda la orilla que va desde la ribera de Junqueira, entre Sines y Porto Covo, hasta la ya algarvía playa de Odeceixe. El parque en sí llega hasta la playa de Burgau, en la orilla sur del Algarve. A lo largo de 100 km, se extiende una de las costas marítimas mejor conservadas de Europa, frecuentada por muchos biólogos y botánicos ansiosos por descubrir especies únicas, tanto de fauna como de flora. Destacan algunas aves migratorias, como las águilas pescadoras y las cigüeñas blancas. Estas últimas nidifican en los acantilados, un proceso casi único en el mundo. Los ornitólogos y los amantes de la fotografía aprovecharán el tiempo en tan bellos parajes naturales. Otra especie animal relevante, por tratarse de uno de los únicos puntos europeos donde es posible encontrarla en hábitat marino, es la nutria.

Las costas escarpadas azotadas por la furia del viento no son la única característica de esta valiosa reserva natural. En el Sudoeste Alentejano, la cuenca del río Mira desde la desembocadura hasta la población de Odemira también forma parte de este espacio verde protegido.

Se pueden realizar paseos a pie, en bicicleta, en coche o incluso subacuáticos. Para más información se recomienda visitar la página web del **Instituto da Conservação da Natureza e das Florestas**. Tiene una versión en español y hace varias recomendaciones muy útiles para los interesados en visitar esta y otras áreas verdes protegidas del país.

▍ PLAYAS ★★★

La costa del Alentejo se divide claramente en dos partes: de Tróia a Sines y de Sines a Azenha do Mar. He aquí algunas sugerencias.

El primer tramo, de arenas blancas, se extiende sin interrupciones a lo largo de más de 60 km. Las playas más destacadas son las de Tróia, sobre todo por las dunas que crea el estuario del Sado, la de Comporta, la de la Lagoa de Melides y la de la Lagoa de Santo André. Estas dos últimas son de una gran belleza por disponer de una lengua de arena que separa una laguna de la orilla del mar y que varía según la marea.

El segundo tramo ya integra el Parque Natural del Sudoeste Alentejano y posee playas impresionantes. Como escribió Manuel da Fonseca, auténticos anfiteatros de peñascos. Cerca de Sines, las playas **Vieirinha**, y **São Torpes** pueden presumir de ondear la bandera azul, al igual que la **Praia Grande** de Porto Covo y la **Praia da Ilha do Pessegueiro**, a poco más de 2 km de Porto Covo. Esta última, con un *camping* en sus inmediaciones, es sin exagerar una de las playas de dunas más increíbles de Portugal. Además, posee el aliciente de tener justo enfrente la isla de Pessegueiro, ya utilizada como puerto comercial por cartagineses y romanos y que ostenta una fortaleza en ruinas de finales del siglo XVI construida por la dinastía de Felipe I de Portugal (II de España) para repeler los ataques piratas, el **Fuerte de Santo Alberto**. Cuando el mar está tranquilo, se organizan **visitas al islote**, que también permiten contemplar algunos vestigios de salazones romanas, utilizadas para conservar el pescado y practicar el submarinismo. Otra fortaleza junto a la playa, el **Fuerte de Nossa Senhora da Queimada**, rememora la importancia de esta zona para el comercio marítimo de muchas civilizaciones. La excelente **Praia Grande**, al encontrarse en el mismo pueblo, puede ser que en agosto concentre a demasiados bañistas.

Si fuera el caso, se aconseja recurrir a otras playas no tan concurridas y de extrema belleza, como la resguardada **Praia dos Buizinhos**, junto al mirador de Porto Covo, la **Praia do Espingardeiro**, que cuando baja la marea se convierte en una piscina natural, la salvaje **Praia do Burrinho**, las ensenadas **Praia Pequena** y de la **Gaivota**, la naturista **Praia do Salto**, o la de **Cerca Nova**, también cercana a Porto Covo.

Más hacia el sur, la de **Malhão**, la de las **Furnas** y la de **Vila Nova de Milfontes** son tres buenas alternativas. Las dos últimas se encuentran en la desembocadura del río Mira, una delante de la otra. Y más hacia el sur, cerca del Cabo Sardão, se puede disfrutar de la playa del pueblo pesquero y turístico de **Zambujeira do Mar**, con bandera azul, y de dos de las playas más bonitas de toda la orilla portuguesa: la de **Almograve** y la de **Carvalhal**. Para conocer las playas de Portugal con bandera azul se puede visitar bandeiraazul.abae.pt.

¿Sabías que...?
Además de los recorridos ya sugeridos, el Alentejo dispone de un amplio abanico de rutas temáticas muy atractivas para el turista. Informándose en las oficinas de turismo, se sorprenderá con las diversas rutas de castillos, de monumentos megalíticos, de los vinos, de los sabores, del contrabando, del mármol y del fresco (www.spira.pt).

▼ La playa de Carvalhal es una de las más hermosas de esta parte de la costa.

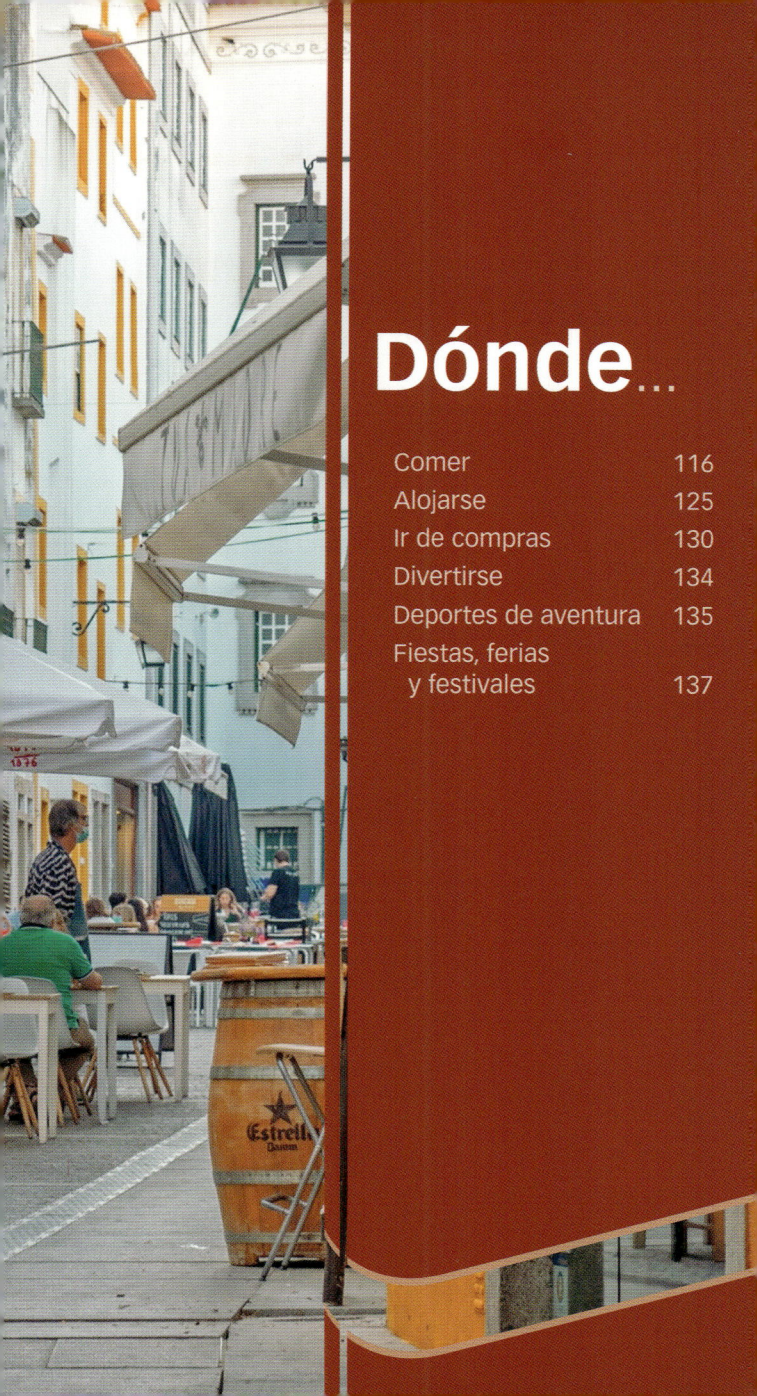

Dónde...

Restaurantes

ALENTEJO LITORAL

Alcácer do Sal

Retiro Sadino (E)
Dispone de una terraza con vistas al río, ideal para degustar la cocina típica alentejana. Se recomiendan los espárragos salvajes con huevo, la ensalada de pulpo, la sopa de cazón o el arroz de sepia con gambas.
- ✉ Avenida João Soares Branco, 5-6
- ☎ 265 613 086

A Escola (M)
En la antigua escuela primaria, con una carta que pretende preservar el patrimonio gastronómico de la región del Sado. Empanada de conejo salvaje acompañada con arroz de piñones. Conviene reservar.
- ✉ Estrada Nacional 253, Cachopos
- ☎ 265 612 816
- ⏲ Cierra lunes y miércoles

Azenha do Mar

Azenha do Mar (M)
Ubicado justo en la playa, ideal para probar platos de marisco como el tradicional arroz de marisco o la *caldeirada* de pescado.
- ✉ Praia da Azenha do Mar, Brejão
- ☎ 282 947 297
- ⏲ Cierra miércoles

Boavista dos Pinheiros

Tasca do Bernardo (M)
Dispone de una vasta lista de platos típicos como la carne de cerdo ibérico o los huevos revueltos con *linguiça*.
- ✉ Avenida do Comércio, 6
- ☎ 283 386 476
- ⏲ Cierra domingo

Dona Bia (M)
Local ideal para probar varios platos típicos de pescado hechos a la parrilla con carbón. Una de las especialidades son las gambas à Dona Bia. El arroz también es uno de los platos estrella. Terraza.
- ✉ N 261
- ☎ 265 497 557
- ⏲ Cierra martes

Entrada da Barca (Zambujeira do Mar)

O Sacas (M)
Buenos platos de pescado y de marisco. Imprescindibles los postres típicos, como la tarta de higo, algarroba y almendra y el *pão de rala*. Ideal para picar algo o degustar un pescado recién pescado.
- ✉ Entrada da Barca
- ☎ 283 961 151
- ⏲ Cierra miércoles

Fontainha (Melides)

Tia Rosa (M)
Excelente comida tradicional especializado en pato asado con naranja.
- ✉ Fontainhas do Mar, 261, Fontainha, Melides
- ☎ 269 907 144
- ⏲ Cierra lunes

Grândola

A Talha de Azeite (M)
Restaurante instalado donde antes había un lagar de aceite. Ofrece platos típicos alentejanos bien confeccionados.
- ✉ Rua Dom Nuno Álvares Pereira
- ☎ 269 086 942
- ⏲ Cierra lunes y martes

Lagoa de Santo André

Chez Daniel (M)
Después de aprovechar la playa de la Lagoa de Santo André se puede optar por este acogedor restaurante para probar uno de los platos estrella: las anguilas, y atreverse con la *caldeirada* mixta de pescado. Buena carta de vinos.
- ✉ Estrada Municipal, 544
- ☎ 269 749 779
- ⏲ Cierra lunes noche y martes

Lousal

Armazém Central (E)
Restaurante familiar y sencillo que sirve platos típicos alentejanos. A veces hay actuaciones del Grupo dos Mineiros do Lousal.
- ✉ Largo de Sta. Bárbara, Minas do Lousal
- ☎ 960 141 495

Muda (Comporta)

Sem Porta (C)
Este restaurante ubicado en un hotel de lujo ofrece lo mejor de la gastronomía portuguesa. Cuenta con un menú degustación. Abre todos los días, pero solo para cenas.
- ✉ Hotel Sublime Comporta, N261-1, Muda, Comporta
- ☎ 269 449 376
- 🖥 www.sublimecomporta.pt

Odemira

O Tarro (E)
Ambiente familiar con decoración rústica. Carta rica y variada que tiene como especialidad el *ensopado* de borrego.
- ✉ Estrada da Circunvalação
- ☎ 283 322 161
- ⏲ Cierra lunes

Porto Covo

La Bella Vita (E)
Restaurante italiano muy popular ubicado en el corazón de Porto Covo. Además, cuenta con una variada oferta de platos vegetarianos y con buenas sangrías.
- ✉ Rua Vasco da Gama, 8
- ☎ 269 905 115

Praia das Furnas (Vila Nova de Milfontes)

Oásis (E)
Restaurante muy frecuentado en verano. Marisco, pescado fresco y *cataplanas*.
- ✉ Praia das Furnas, Vila Nova de Milfontes
- ☎ 283 998 020
- ⏲ Cierra lunes

Ribeira da Azenha (Vila Nova de Milfontes)

O Amândio (E)
Un poco difícil de encontrar, pero que justifica el esfuerzo. Se halla en un camino de arena a la derecha justo después de salir de Ribeira da Azenha dirección Vila Nova de Milfontes. Excelente carne y pescado a la plancha con unos excelentes acompañamientos y un buen surtido de postres. La comida irá viniendo hasta quedar realmente satisfechos.
- Ribeira da Azenha
- 269 905 277
- Cierra martes. Solo comidas.

Santiago do Cacém

O Arco (E)
Situado justo a la gasolinera. Comida casera a buen precio, con un gran surtido de carnes a la parrilla.
- Estrada do Fidalgo
- 269 826 781
- Cierra sábado para cenas

Mercado à Mesa (E/M)
Este restaurante concilia la buena cocina de mercado con lo mejor de la gastronomía portuguesa. Como no podía dejar de ser, la cocina alentejana es la protagonista.
- Rua Mercado, 19
- 269 823 257
- Cierra lunes

São Torpes

Trinca Espinhas (M)
Como no podía ser de otra manera, la especialidad de este establecimiento es el pescado fresco a la plancha, pero también hay otras delicias como la *cataplana* e el arroz de marisco. Tiene terraza.
- Praia de São Torpes
- 269 869 019
- Cierra domingo (cenas) y martes, miércoles y jueves

Sines

Adega de Sines (E)
Taberna típica alentejana donde se pueden comer buenos *petiscos* acompa-ñados con vino de la región. Ambiente informal y el servicio castizo.
- Rua Gago Coutinho, 40
- 269 632 595
- Cierra domingo

Cais da Estação (E-M)
Todo un clásico en Sines. El arroz de navajas con sepia frita (*lingueirão com choco frito*) es una auténtica delicia.
- Av. Gen. Humberto Delgado 16
- 269 636 271
- Cierra lunes

Tróia

Adega dos Petiscos (M)
Situado en el puerto marítimo de Tróia, este restaurante cuenta con una agradable terraza con vistas al estuario del Sado y las embarcaciones atracadas. Entre su variada carta, destacan los *petiscos*, las tapas portuguesas.
- Alameda da Marina, Loja LM, 3A
- 960 401 859
- Cierra miércoles

Vila Nova de Milfontes

Porto das Barcas (E)
Marisquería con unas soberbias vistas al mar. Dispone de platos regionales y de varios platos de pescado fresco. No hay que dejar de probar bajo ningún concepto las *feijoadas* de caracolas y de huevas.
- Estrada do Canal
- 283 997 160
- Cierra martes

Tasca do Celso (M)
Restaurante muy recomendable que propone un menú con una vasta oferta de platos de pescado. Sin embargo, la carne también se recomienda, ya que cuenta con platos tan originales como la *cataplana* de carne de cerdo. Buena y cuidada carta de vinos.
- Rua dos Aviadores, 34
- 283 996 753
- Cierra lunes (en invierno)

Zambujeira do Mar

Marisqueira Costa Alentejana (M)
Excelente marisco para comer y sangría para beber. También dispones de una muy buena carta de vinos. No es barato pero la relación calidad-precio es más que aceptable.
- Mira Mar, 8
- 969 434 870

Precio
Los restaurantes se han seleccionado por su precio aproximado en varias categorías:

E: Económico (menos de 20 €)
M: Moderado (entre 20 € y 40 €)
C: Caro (entre 40 € y 50 €)
MC: Muy caro (más de 50 €)

Los precios vienen dados con sus tasas incluidas y calculados para una comida media por persona, consistente en entrante, plato principal, postre y media botella de un vino medio.

Téngase en cuenta que los restaurantes portugueses cierran antes que en España, con lo que no es recomendable presentarse para comer más tarde de las 14.30 h o las 22 h. Los platos suelen ser muy abundantes, por lo que se recomienda pedir media ración cuando sea posible o compartir una y pedir un entrante.

NORTE DEL ALENTEJO

Alpalhão (Nisa)

Regata (E)

Restaurante sencillo de cocina tradicional con ambiente familiar y buena atención. No deje de probar el famoso queso de Nisa.

✉ Estrada das Amoreiras, 6
☎ 245 742 162
🕐 Cierra lunes

Alter do Chão

Páteo Real (E)

Restaurante con ambiente acogedor y con una terraza agradable en verano. Cocina tradicional y de calidad del norte alentejano.

✉ Av. Dr. João Pestana, 37
☎ 245 612 301
🌐 www.pateoreal.pt
🕐 Cierra martes

Belver

O Castelo (M)

Situado justo al lado de las escaleras que conducen al castillo de Belver. Platos tradicionales, entre los que destacan el arroz de lamprea y el *ensopado* de borrego. Buena bodega.

✉ Rua Dom Nuno Álvares Pereira, 41
☎ 241 635 057

Campo Maior

Taberna O Ministro (E/M)

Restaurante típicamente alentejano bien decorado y con raciones abundantes. Buena relación calidad-precio.

✉ Travessa dos Combatentes da Grande Guerra, 2
☎ 965 421 326

Castelo de Vide

D. Pedro V (E)

Decoración elegante en un edificio del siglo XVII y menú muy variado con platos típicos de la gastronomía alentejana.

✉ Praça D. Pedro V, 10
☎ 245 901 236
🕐 Cierra lunes (cenas) y martes

O Miguel (E)

Restaurante con lo mejor de la gastronomía alentejano a precios razonables. Al ser pequeño, se recomienda reservar.

✉ R. Almeida Sarzedas, 32
☎ 245 901 882
🕐 Cierra domingo

Elvas

Adega Regional (M)

Como su nombre indica, esta bodega regional ofrece lo mejor de la gastronomía alentejana y una selección de vinos excelente.

✉ Rua de João Casqueiro, 22
☎ 969 451 566
🕐 Cierra martes

El Cristo (M)

Marisquería con más de 30 años, con un marisco excelente y pescado fresco. Entre las especialidades están el típico bacalao dorado de Elvas, el buey de mar, los langostinos o las almejas al estilo *Bulhão Pato*. Punto de parada obligatoria de varios famosos españoles.

✉ Avenida da Piedade
☎ 268 623 582
🌐 www.elcristo.pt

Marvão

Fago (M/C)

Restaurante gourmet de extrema calidad situado en el centro de la villa. Cocina de autor con productos locales en un espacio pequeño y un ambiente intimista. Un buen mimo para los paladares.

✉ Tv. da Praça, 2A
☎ 245 089 057
🌐 fagomarvao.com; fago@fagomarvao.com
🕐 Cierra martes y miércoles. Solo sirve cenas

Varanda do Alentejo (E)

Localizado en la plaza principal de Marvão. Restaurante familiar y sencillo con ambiente tradicional. El menú es variado y también se recomiendan los *petiscos* (tapas portuguesas). Pruebe la sopa de tomate, las migas, el *ensopado de borrego* y la tradicional *sericaia*.

✉ Praça do Pelourinho, 1 A
☎ 245 909 002
🌐 varandadoalentejo.com

Nisa

O Tarro

Excelente restaurante de cocina alentejana a precios económicos. Se recomienda probar el *cozido de grão*.

✉ R. Prof. João Porto
☎ 961 877 076

Ponte de Sor

Olivença (M)

Espacio acogedor con decoración sencilla y modesta. Menú muy variado en el que se incluyen varios tipos de migas. Se recomienda el bacalao al estilo de Olivença y los típicos y deliciosos huevos revueltos con espárragos salvajes. ¡No se va a arrepentir! Acompañe los platos con un buen tinto de la región.

✉ Praça da República
☎ 242 206 201
⏱ Cierra martes (cenas) y miércoles

Portalegre

Cervejaria Santos (E)

Cocina regional en ambiente acogedor con buena comida y bebida. No deje de probar los *pezinhos de tomatada* o el gazpacho a la alentejana. Tendrá uma grata sorpresa.

✉ Largo Serpa Pinto, 4
☎ 245 030 909
⏱ Cierra miércoles

Tomba Lobos (M)

A través de la mano del chef José Júlio Vintém se puede realizar un verdadero viaje por la cocina alentejana en este reputado restaurante. Espacio conocido en todo el país. Dispone de un amplio comedor en el que degustar platos refinados que pueden ser acompañados de cualquiera de los vinos que la buena carta ofrece.

✉ Rua 19 de Junho, 2
☎ 245 906 111
⏱ Cierra domingos (cenas), lunes y martes

Portagem (Marvão)

Mil-Homens (E)

Menú variado de pescado y carne muy bien hechas. Decoración sencilla y ambiente acogedor. Hay algunas originales innovaciones con la cocina regional, como el *carpaccio* de cerdo alentejano, que se deben tener en cuenta.

✉ Rua Nova, 14
☎ 245 993 122
⏱ Cierra lunes

Santana (Nisa)

O Túlio (M)

Antigua tasca alentejana que hoy en día es una casa de pasta familiar a precios atractivos. Sus especialidades son los peces de río, como por ejemplo la anguila y la lamprea. Otra buena opción son las migas de pescado.

✉ Rua Francisco Diogo Pinto, 1
☎ 245 469 129

São Vicente (Elvas)

Pompílio (M)

Con servicio eficiente y afable, este restaurante es ideal para probar algunos de los mejores platos de la cocina regional. Destaca la extensa carta de vinos alentejanos.

✉ Rua Elvas, 96
☎ 268 611 133
⏱ Cierra martes

Vila Fernando (Elvas)

Taberna do Adro (M)

Restaurante que prima por la decoración típicamente alentejana. La propuesta gastronómica se basa, como no podía dejar de ser, en algunos de los platos más famosos de la región.

✉ Largo João Dias de Deus, 1
☎ 268 661 194
⏱ Cierra miércoles

SUR DEL ALENTEJO

Albernoa (Beja)

Gourmet da Malhadinha (C)

Restaurante situado en la lujosa Herdade da Malhadinha que presenta un menú de cocinha de autor que conjuga la gastronomía tradicional con algunos toques contemporáneos. El chef consultor Joachimn Koerper cambia la carta según la estación del año trayendo sorpresas y originalidad, pero manteniendo siempre la excelente calidad.

✉ Herdade da Malhadinha Nova
☎ 284 965 432
🌐 www.malhadinhanova.pt
⏱ Cierra domingos y lunes

Aljustrel

Fio de Azeite (M)

Gastronomía alentejana servida con mucho esmero en un espacio agradable y relajado. Las *migas à alentejana*, los tentáculos de pulpo salteados en aceite y ajo y la *açorda* son algunas de sus especialidades.

✉ Rua General Humberto Delgado, 5
☎ 284 600 800
⏱ Cierra domingos

Almodôvar

Tasquinha O Medronho (E/M)

Comida casera y raciones abundantes en un ambiente bien decorado y acogedor. Los precios son razonables.

✉ Rua A. do Maldonado, 21
☎ 286 665 322
⏱ Cierra martes

Alvito

O Camões (E)

Restaurante situado en el centro de la villa. Platos caseros alentejanos a un precio razonable en un ambiente agradable.

✉ Rua 5 de Outubro, 13
☎ 966 780 096
⏱ Cierra domingo (cenas) y lunes

Amareleja (Moura)

O Encalho (E)

Restaurante sencillo de cocina regional. No salga de aquí sin probar un bacalao al estilo Encalho o, por ejemplo, el típico caldo de cazón.

✉ Rua Catarina Eufémia, 33
☎ 936 219 065
⏱ Cierra martes

Barrancos

A Esquina (M)

Restaurante con precios asequibles y con una vasta propuesta gastronómica. Aconsejables los *petiscos,* como los quesos y los embutidos, el conejo de campo o la perdiz frita. Los *lombinhos de porco preto* con salsa de orégano son deliciosos.

✉ Rua das Fontainhas, 2
☎ 285 958 694
⏱ Cierra miércoles

Beja

Adega Típica 25 de Abril (E)

Decoración alusiva a las antiguas bodegas. Servicio eficiente y afable. Comedor amplio. Destaca cualquiera de los

platos de cocina regional que pueden ir acompañados con cualquiera de los tintos que ofrece. Se recomienda probar el dulce de la casa.

- ✉ Rua da Moeda, 23
- ☎ 284 325 960
- 🕐 Cierra domingos (cena) y lunes

D. Dinis (M)
En la zona histórica de Beja, este restaurante ofrece un buen trato y buena gastronomía tradicional alentejana, con los platos cocinados al carbón como protagonistas.

- ✉ Rua de Dom Dinis, 11
- ☎ 284 324 142
- 🕐 Cierra miércoles

O Árbitro (E)
Espacio tradicional y ambiente relajado en el que se sirven platos regionales con simpatía.

- ✉ Rua Conselheiro Meneses, 4/6
- ☎ 969 078 858
- 🕐 Cierra lunes (cenas) y martes

Castro Verde

Cavalariça (E/M)
Restaurante familiar con un gran comedor, decoración sencilla y menú con algunos de los mejores sabores del Alentejo. No shay que dejar de probar la *açorda* de perdiz o las judías blancas con liebre y, para terminar, nada mejor que el requesón con mermelada de calabaza.

- ✉ Rua do Paço, 14
- ☎ 286 915 491

🕐 Cierra lunes (cenas) y martes

Corvos (Mértola)

A Paragem (E)
Situado entre Mértola y Minas de São Domingo, este restaurante de cocina tradicional es de parada obligatoria para muchos habitantes de la zona. Se recomienda pedir medias raciones.

- ✉ Corvos, a 9 km de Mértola
- ☎ 286 616 140
- 🕐 Cierra lunes y el domingo para cenas

Cuba

Adega da Lua (E)
Con decoración rústica y algunos trazos de modernidad, un lugar donde es posible probar manjares alentejanos. Después de cenar se puede quedar en el bar del restaurante hasta más tarde para oír música en vivo y tomar una copa.

- ✉ Travessa das Francas, 1
- ☎ 964 149 087
- 🕐 Cierra domingo

Ferreira do Alentejo

Sabores com Memória (E)
Sin duda será difícil olvidarse de este templo de sabores al cabo de los años. Platos bien confeccionados y buena relación calidad-precio.

- ✉ Rua Dr. António José de Almeida, 41
- ☎ 284 085 355
- 🕐 Cierra lunes y martes

Mértola

O Repuxo (M)
Restaurante familiar, con decoración sencilla y con terraza. Las especialidades son la caza y el lomo de cerdo ibérico.

- ✉ Avenida Aureliano Mira Fernandes
- ☎ 286 612 563
- 🕐 Cierra domingo

Alengarve (E)
Uno de los restaurantes más antiguos de Mértola, con algunos de los mejores platos del Alentejo y el Algarve a precios accesibles. Destaca su carta de vinos.

- ✉ Avenida Aureliano Mira Fernandes, 20
- ☎ 286 612 210
- 🕐 Cierra miércoles

Moreanes (Mértola)

Alentejo (E)
Restaurante castizo con un comedor con arcadas muy agradable. Aquí no tienen reparos en ponerte la olla en la mesa. Lo mejor de la cocina alentejana.

- ✉ Rua Grande, 3
- ☎ 936 440 171
- 🕐 Cierra lunes

Moura

O Molho (E)
Lo mejor de la cocina alentejana en un ambiente popular y a precios razonables teniendo en cuenta la calidad. Es de esos restaurantes que nunca decepcionan.

- ✉ R. Nova do Carmo, 11
- ☎ 285 252 895
- 🕐 Cierra lunes. No sirve cenas

O Vermelhudo (E)
Suele estar lleno y no se recomienda entrar con prisas, pero la espera merece la pena. Los secretos de cerdo ibérico, el caldo de pescado de río, la sopa de cazón, el pulpo al horno o la *carne de alguidar com migas* son sus especialidades.

- ✉ Rua da Latoa, 1
- ☎ 968 483 023
- 🕐 Cierra domingo

Ourique

Adega do Monte Velho (M)
Restaurante muy concurrido que no acepta reservas, por lo que conviene ir pronto o tener paciencia. Pese a la espera, la experiencia gastronómica es muy satisfactoria.

✉ Rua Batalha de Ourique, 3
☎ 963 064 631
🕐 Cierra domingo

Pias (Serpa)

O Adro (E)
Restaurante muy recomendable con un ambiente acogedor, servicio eficiente y simpático y cocina tradicional alentejana de la mejor calidad. Conviene reservar. Las raciones son generosas, por eso puede combinarlas con alguno de los excelentes vinos de la zona.

✉ Largo de Santo António, 20 AB
☎ 284 858 456
🕐 Cierra domingo

Pedrógão (Vidigueira)

Herdade do Sabroso (M)
Un homenaje al arte del buen comer. Lo mejor de la cocina alentejana regada con los vinos de esta finca rural no dejará indiferente a nadie.

✉ Carretera regional que une Alqueva con Vidigueira
☎ 961 732 958

Serpa

Cervejaria Lebrinha (E)
Restaurante de ambiente local situado en el centro de esta pintoresca población. Aquí la imperial (caña) tiene fama, y acompañada de unos *petiscos*, aún sabe mejor.

✉ Rua do Calvário, 6
☎ 284 544 874
🕐 Cierra martes

Molhó Bico (M)
Espacio con 2 comedores decorados según el gusto alentejano. Ambiente acogedor. Cocina del Alentejo de calidad.

✉ Rua Quente, 1
☎ 284 549 264
🕐 Cierra miércoles

Vila de Frades

Quetzal (M)
Interesante concepto. Este espacio es un centro de arte contemporáneo y dispone de vista a las viñas. Las carrileras *(bochechas)* de vaca estofada o el pescado de río son algunas de sus especialidades.

✉ Estrada das Sesmarias, Quinta do Quetzal
☎ 284 441 618
🕐 Cierra lunes y martes

ALENTEJO CENTRAL

Alandroal

A Maria (M)
Restaurante original que recrea un patio típico. Ambiente muy agradable y acogedor. Menú con algunos de los mejores manjares del Alentejo. No deje de probar alguno de los excelentes postres.

✉ Rua João de Deus, 12
☎ 268 431 143
🕐 Cierra lunes (cenas)

Albernoa (Beja)

Herdade Malhadinha Nova (C)
Uno de los mejores restaurantes del Alentejo y de Portugal. Platos inspirados en la gastronomía alentejana con un toque internacional. Cuenta con una estrella verde Michelin por su clara vocación de utilizar ingredientes que respeten el ecosistema.

✉ Herdade da Malhadinha Nova
☎ 284 965 432
📱 www.malhadinhanova.pt; reservas@malhadinhanova.pt
🕐 Cierra lunes y domingo

Alcáçovas (Viana do Alentejo)

Sabores da Vila (E)
Maravillosa comida regional a muy buen precio. Espacio acogedor. Carta de vinos variada y postres muy apetitosos.

✉ R2 113
☎ 266 949 379
🕐 Cierra domingo (cenas) y lunes

Alcaraviça (Borba)

O Espalha Brasas
Como su nombre indica, aquí la parrilla es la auténtica protagonista. Los fines de semana suele estar lleno.

✉ Monte das Naves de Cima, Alcaraviça
☎ 963 555 191
🕐 Cierra lunes

Tasca dos Coelhos (E)
Establecimiento con ambiente familiar y acogedor que sirve algunos de los mejores platos alentejanos. Que no falte uno de los buenos tintos de la región. La especialidad es el conejo en el barro.

✉ Monte do Forte
☎ 268 890 066

Aldeia da Serra d'Ossa (Redondo)

O Chana do Bernardino (M)
Restaurante que hace 60 años era una tasca y que en el 2005 fue remodelada. Decoración sencilla. Especialidades: cocido con embutidos de Estremoz y verduras en invierno y *açorda* de bacalao en verano.

✉ ER 381
☎ 266 909 414
🕐 Cierra lunes

Alqueva

Alqueva Bar/ Restaurante (E/M)
Restaurante situado junto a la playa fluvial con unas vistas esplendorosas del lago. Dispone de una carta bastante variada y cuenta con diversos platos alentejanos. No sirve cenas.

✉ Playa fluvial
☎ 919 866 181
🕐 Cierra miércoles, jueves y viernes

Arraiolos

A Moagem (M)
Como el propio nombre indica, este restaurante se ubica

en un antiguo molino. Sirve platos típicos en ambiente familiar y acogedor. Destacan los platos de caza y la lista de vinos de la región.

- ✉ Rua da Fábrica, 2
- ☎ 266 499 646
- ⏰ Cierra domingo (cenas) y martes

O Alpendre (M)

Espacio bastante acogedor con servicio eficiente y afable. La decoración es típicamente alentejana. Destacan los platos de cerdo y de borrego.

- ✉ Bairro Serpa Pinto, 22
- ☎ 266 419 024

Borba

O Espiga (M)

Sirve varias especialidades gastronómicas de la región, entre las que destaca el *ensopado* de borrego. Cocina de calidad a precios razonables.

- ✉ Av. da Estação, 1 A
- ☎ 268 894 244
- ⏰ Cierra domingos

Estremoz

A Cadeia Quinhentista (M/C)

Construido en una antigua cárcel, este famoso restaurante ubicado dentro de las murallas del castillo seduce por su ambiente y decoración acogedores y por la calidad de su cocina. Todos los manjares que componen el menú son recomendables. Nadie debería perderse las *pataniscas* de embutidos de cerdo o la perdiz *suada* en aceite de Estremoz. Definitivamente, ¡imperdible!

- ✉ Rua Rainha Santa Isabel
- ☎ 268 323 400

Adega Zé Varunca (M)

Restaurante que ya cuenta con 51 años de antigüedad, regentado por la misma familia. Decoración típica alentejana. Menú variado con platos de la región, entre los que destacan las *burras* (mejillas de cerdo) asadas al horno.

- ✉ Rua do Almeida, 21
- ☎ 268 332 134
- ⏰ Cierra domingos y lunes

Mercearia Gadanha

Este espacio, muy bien decorado, tiene el doble atractivo de contar con un excelente restaurante y una *mercearia* (tienda de alimentación) de productos regionales. La espera valdrá la pena.

- ✉ Largo Dragões de Olivença, 84
- ☎ 268 333 262
- 🌐 www.merceariagadanha.pt
- ⏰ Cierra lunes y martes

Évora

O Moinho do Cu Torto (E)

Situado en las afueras de Évora, este restaurante ubicado junto a un molino es uno de los mejores de la ciudad, no solo por su relación calidad-precio, sino también por el ambiente.

- ✉ Rua de Santo André, 2A
- ☎ 266 771 060
- ⏰ Cierra lunes

Salsa Verde (E)

A veces resulta difícil en Portugal encontrar opciones vegetarianas atractivas. Este restaurante se inspira en la gastronomía alentejana para ofrecer a los comensales una cocina saludable en un ambiente relajado.

- ✉ Rua do Raimundo, 93 A
- ☎ 266 743 210
- ⏰ Cierra sábado (cenas) y domingo

Café Alentejo (M)

Vieja taberna que reconvertida en restaurante. Decoración con buen gusto y ambiente acogedor. Deléitese probando algunos de los mejores *petiscos* de la región como queso, embutidos o huevos revueltos con *farinheira*, y acompañado con un buen vino tinto aún mejor.

- ✉ Rua do Raimundo, 5
- ☎ 266 706 296

Dom Joaquim (M)

No es por casualidad que éste es un restaurante de referencia en Évora, ya habiendo sido reconocido en un concurso como uno de los mejores del Alentejo. Espacio acogedor donde destaca el buen trato del servicio. Los vinos son excelentes y los platos deliciosos.

- ✉ Rua Penedos, 6
- ☎ 266 731 105
- ⏰ Cierra domingos y lunes

Enoteca Cartuxa

Restaurante de la Fundação Eugénio de Almeida situado en el centro de Évora. Como su nombre indica, aquí los vinos nunca defraudan al visitante, pero tampoco lo hacen los *petiscos* que entran por los ojos.

- ✉ Rua Vasco da Gama, 15
- ☎ 266 748 348
- 🌐 www.cartuxa.pt

Fialho (C)

El restaurante más famoso de Évora ya cuenta con más de 70 años de historia. Espacio típico alentejano con una carta muy variada de gran calidad que vuelve difícil que uno se decida. Vinos exquisitos. Los premios y las distinciones son absolutamente merecidos. Si se lo puede permitir, ¡no se lo pierda!

- ✉ Travessa das Mascarenhas, 16
- ☎ 266 703 079
- 🌐 www.restaurantefialho.com
- ⏰ Cierra lunes

Luar de Janeiro (C)

Pequeño restaurante donde se aconseja reservar. Ambiente acogedor y agradable. El menú tiene varios platos de cocina alentejana, pero destacan los *petiscos* (tapas), mejor acompañados con un buen vino regional. ¡Saldrá satisfecho! Cuenta con varios galardones gastronómicos.

- ✉ Travessa do Janeiro, 13
- ☎ 266 749 114
- 🌐 www.luardejaneiro.com
- ⏰ Cierra martes

Taberna Típica Quarta-Feira (M)

Restaurante absolutamente recomendable con un servicio eficiente y un trato muy casero. Zé Dias, el propietario, recibe a los comensales con mucha amabilidad. Cada día hay un plato en el menú, aunque eso no es problema porque todos son fabulosos. Destaca el exquisito vino Paulo Laureano embotellado expresamente para el restaurante. Los dulces conventuales son inolvidables. Conviene reservar.

✉ Rua do Inverno, 16/18
☎ 266 707 530
🕐 Cierra domingos y lunes

Monsaraz

Taverna Os Templários (M)

Petiscos y platos regionales bien confeccionados. Dispone de una terraza con unas vistas increíbles al lago de Alqueva.

✉ Direita 22
☎ 266 557 166
🕐 Cierra martes

Sabores de Monsaraz (M)

Espacio con sublimes vistas de Monsaraz y el lago de Alqueva. Decoración sobria y de buen gusto. Presenta una carta diversa con algunos de los mejores manjares alentejanos. Destaca el ensopado de borrego o el cocido de garbanzos.

✉ Largo de São Bento
☎ 969 217 800
🌐 www.saboresdemonsaraz. com
🕐 Cierra martes (comida) y lunes

Sem Fim (M)

Viejo lagar transformado en restaurante, cuya decoración lanza guiños al aceite. Uno de los más apreciados de la región por su ambiente desenfadado, el servicio afable y la calidad de la comida.

✉ Rua das Flores, 6A, Telheiro
☎ 266 557 471
🌐 www.sem-fim.com
🕐 Cierra miércoles

Montemor-o-Novo

Mapa (C)

Uno de los restaurantes más refinados de Portugal, ubicado en un espacio de arquitectura moderna que también es un hotel. El chef David Jesus sabe cómo seducir los paladares más exigentes.

✉ N4, Herdade das Valadas
☎ 266 242 400
🌐 www.l-and.com

A Ribeira (E)

Restaurante popular de cocina regional a precios económicos. Las tiras de *choco frito* (sepia frita), las *migas à alentejana* o las *moelas* (mollejas) *de tomatada* son algunas de sus especialidades.

✉ Rua de São Domingos, Montemor-o-Novo
☎ 266 890 211
🕐 Cierra lunes. Solo sirve cenas vier. y sáb.

Mora

Afonso (M)

Espacio amplio y acogedor regentado por la misma familia desde hace varias décadas. Varios manjares saltan a la vista, como es el caso de la perdiz al estilo D. Bia, de la paloma salvaje o del *achigã* (lubina negra) a la plancha con salsa de cilantro.

✉ Rua de Pavia, 1
☎ 266 403 166
🕐 Cierra miércoles

Mourão

Adega Velha (M)

La decoración es típicamente alentejana y de muy buen gusto. Cabe destacar los magníficos entrantes. Sin embargo, deje espacio para otras delicias como la *cacholeira* (especie de morcilla) asada o la liebre con garbanzos y nabos. No se va a arrepentir.

✉ Rua Doutor Joaquim Vasconcelos Gusmão, 9
☎ 266 586 443

🕐 Cierra domingo (cena) y lunes

Pavia (Mora)

O Forno (E)

Comida típica a precios moderados, con un servicio muy amable. El *cozido de grão* (garbanzos) o la carne de cordero o cerdo ibérico son algunas de sus especialidades.

✉ Rua 25 de Abril, 2
☎ 266 457 579
🕐 Cierra lunes

Redondo

O Chana do Bernardino (M)

Situado a 8 km de Redondo. Ideal para conocer lo mejor de la cocina alentejana.

✉ N381, Aldeia da Serra d'Ossa
☎ 266 909 414
🕐 Cierra lunes

Reguengos de Monsaraz

Herdade do Esporão (C)

Esta finca, además de su gran fama por la calidad de sus aceites y vinos que produce, ostenta uno de los restaurantes más refinados del Alentejo, donde la alta cocina se alía con los ricos

recursos de la tierra. Cuenta con estrella Michelin. Además, también dispone de una enoteca para hacer catas de vinos y una sala de *petiscos*, donde se puede picar algo sin tener que rascarse tanto el bolsillo.

- ✉ Herdade do Esporão
- ☎ 266 509 280
- 🌐 www.esporao.com
- 🕐 Solo sirve comidas. Cierra domingos y lunes

Taberna Al Andaluz (E)

Pequeña taberna que presenta una gran variedad de *petiscos* muy atractivos. Que no falte el vino de la zona. Las especialidades que ofrece son originarias del sur de la Península Ibérica, no solo alentejanas.

- ✉ Rua 1º de Maio, 39 frente
- ☎ 266 519 362
- 🌐 www.tabernaalandaluz.com
- 🕐 Cierra domingos

Rios dos Moinhos (Borba)

Os Gémeos (E)

Restaurante sencillo y desenfadado donde las especialidades son los platos de caza. No deje de probar la *feijoada* de jabalí o de liebre y el jabalí a la moda de la casa.

- ✉ Rua Combatentes do Ultramar, 61
- ☎ 268 848 010
- 🕐 Cierra lunes

Santiago do Escoural (Montemor-o-Novo)

M. Azinheirinha (M)

Restaurante de ambiente familiar y platos alentejanos bien confeccionados. Se recomienda cualquier elección, pero nadie debería perderse los *pezinhos de coentrada*, las migas de espárragos o las migas de bacalao con gambas. Los vinos son excelentes.

- ✉ Rua Doutor Magalhães de Lima, 81
- ☎ 266 857 504
- 🕐 Cierra lunes (cenas) y martes

Vendas Novas

Canto dos Sabores (E)

Espacio decorado según el gusto alentejano, donde predominan los sabores de la tierra que puede acompañar con algunos de los mejores vinos del país.

- ✉ Rua Manuel Coelho de Oliveira, 7 r/c
- ☎ 265 805 174
- 🕐 Cierra domingo (cenas) y lunes

Viana do Alentejo

3 Bicas (E)

Pese a que su exterior aparenta ser una cafetería más, al entrar hay un amplio comedor. Una buena opción para comer en Viana.

- ✉ Rua Padre Luís António Cruz, 77
- ☎ 266 953 175
- 🕐 Cierra lunes (cenas) y martes

Vila Viçosa

Taverna dos Conjurados (M)

Restaurante que abrió en 2005 y que presenta varios manjares alentejanos como el bacalao de los Duques, las *costeletas de borrego ao alecrim* (costillas de borrego con romero) y algunos platos de caza.

- ✉ Largo 25 de Abril, 12
- ☎ 268 989 530
- 🕐 Cierra lunes

Restauração (E/M)

Restaurante con una carta muy variada, ideal para picar algo o comer como un rey. Sus platos tienen como base los productos locales. Disponen de una terraza y de opciones vegetarianas.

- ✉ Praça da República, 2
- ☎ 268 980 256
- 🌐 www.caferestauracao.com

Os Cucos (E)

Restaurante con excelentes vistas del bosque de Vila Viçosa. La comida que se sirve es tradicional alentejana, pero también hay otros platos nacionales e internacionales. Tiene terraza.

- ✉ Mata Municipal
- ☎ 268 980 806
- 🕐 Cierra lunes

Vimieiro (Arraiolos)

Antiga Moagem (E)

Espacio de decoración sobria y trato afable. Buenas propuestas de cocina alentejana. Después de comer, se recomienda visitar el museo que hay justo al lado para conocer el pasado del Alentejo.

- ✉ Largo do Areal
- ☎ 266 467 153 / 933 494 685

Alojarse

NORTE DEL ALENTEJO

Avis

Boutique da Cultura (M)

Antiguo cuartel de la GNR convertido en una librería. Es una oportunidad ideal para pasar unos días entre libros en una alianza perfecta entre cultura y naturaleza.

- ✉ Rua Machado dos Santos, 28
- 🌐 www.boutiquedacultura.org

Barragem de Montargil

AP Lago Montargil Conference & Spa

Complejo hotelero de 5 estrellas en la villa de Montargil con una bellísima vista sobre el embalse. Con 2 restaurantes y 3 bares, piscina, *spa* y *Business Center*. Tiene wifi, aparcamiento gratuito y un gran abanico de actividades.

- ✉ N2, Montargil
- ☎ 289 540 100
- 🌐 www.ap-hotelsresorts.com

Campo Maior

Herdade dos Adaens (C)

Espacio perfectamente integrado en la naturaleza que dispone de todas las comodidades para proporcionar unos días ideales para disfrutar del bucólico paisaje alentejano.

- ✉ Herdade dos Adaens
- ☎ 268 249 340
- 🌐 www.adaens.com

Parque de Campismo Rural–Os Anjos (E)

Camping con precios accesibles y muy cerca de la frontera con España. Tiene piscina, bar, y wifi.

Estrada da Senhora da Saúde
- ☎ 965 236 625
- 🌐 www.campingosanjos.com

Castelo de Vide

Hotel Castelo de Vide

Hotel a 5 minutos a pie del centro de la ciudad. Dispone de wifi y aparcamiento gratuito y tiene una piscina para los días más cálidos. Dispone de todas las comodidades necesarias para pasar una estancia agradable.

- ✉ Avenida da Europa
- ☎ 245 908 210
- 🌐 www.hotelcastelodevide.com

Quinta do Pomarinho (E)

Casa de campo de 25 ha en el Parque Natural de la Sierra de São Mamede que dispone de un *camping*, una casa rural y apartamentos. Está a 5 km de Castelo de Vide y a unos minutos de España.

- ✉ Quinta do Pomarinho, N 246
- ☎ 965 755 341
- 🌐 www.pomarinho.com

Crato

Pousada do Crato, Flor da Rosa (C)

Parador ubicado en un antiguo palacio que dispone de una vista magnífica sobre la llanura. La piscina es un auténtico paraíso. Habitaciones muy acogedoras con decoración sobria. Absolutamente recomendable.

- ✉ Mosteiro da Flor da Rosa
- ☎ 245 997 210
- 🌐 www.pousadas.pt

Elvas

Elxadai Parque (M)

Alojamiento localizado en un monte alentejano que dispone de habitaciones y de apartamentos. Queda a 3 km de Elvas y ofrece unas bonitas vistas sobre la ciudad y también de Badajoz y Olivenza. Cuenta con piscinas, bar, restaurante y centro hípico. Ideal para unas vacaciones a lo grande y para aprovechar la naturaleza.

- ✉ N 4, Varche
- ☎ 268 621 397
- 🌐 www.orbitur.pt

Hotel São João de Deus (M)

Hotel ubicado justo en el corazón de Elvas, dentro de un antiguo convento. Las habitaciones son sencillas y agradables y el espacio dispone de piscina, restaurante, bar y wifi y aparcamiento gratuitos. Una opción a tener en cuenta y que puede ser accesible.

- ✉ Largo São João de Deus, 1
- ☎ 268 639 220
- 🌐 www.hotelsaojoaodeus.net

Marvão

Pousada de Marvão, Santa Maria (M/C)

En esta maravillosa villa, este increíble parador le va a proporcionar una estancia inolvidable. Dispone de un restaurante, de un bar y de wifi. Decoración con buen gusto y ambiente acogedor.

- ✉ Rua 24 de Janeiro, 7
- ☎ 245 993 201
- 🌐 www.pousadas.pt

Hotel Sever Rio (M)

Hotel acogedor cuyas habitaciones tienen vistas al pueblo de Marvão. Dispone de restaurante. Ideal para disfrutar del Parque Natural de la Sierra de São Mamede.

- ✉ Estrada do Rio Sever, 4
- ☎ 245 993 318
- 🌐 www.sever.pt

Portalegre

Rossio Hotel (M)

Localizado en el centro histórico de Portalegre, este hotel dispone de 15 habitaciones y 3 *suites* modernas, todas decoradas con motivos alusivos a la región. Se define

Precio

E: menos de 60 €

M: entre 60 y 120 €

C: más de 120 €

como «hotel *design* ecológico», lo que significa que le da una importancia especial a la vertiente ecológica. Tiene wifi gratis, gimnasio y un pequeño *spa* que propone varios tratamientos.

✉ Rua 31 de Janeiro, 6
☎ 245 082 218
🖱 www.rossiohotel.com

ALENTEJO CENTRAL

Alandroal

Herdade dos Barros (M)
Caserón ideal para descansar en medio de la naturaleza que proporciona unas vistas maravillosas tanto del castillo de Terena como del embalse. Habitaciones decoradas con buen gusto. Restaurante, café, terraza y sala de estar.

✉ N255, Terena
☎ 964 310 216
🖱 www.herdadedosbarros.com

Arraiolos

Casa do Plátano (M)
Guest house con un concepto de relax total. Cada una de las habitaciones se remite a un *chakra* con un color diferente. Piscina, wifi y aparcamiento gratuitos y todas las comodidades para el ambiente zen ideal.

✉ Praça da República, 18
☎ 930 511 216
🖱 www.casaplatanoarraiolos.com

Borba

Hostel de Borba (E)
Habitaciones espaciosas y limpias, ideal para ir en familia. Situado en el centro del pueblo.

✉ Rua Monturo Alto, 2
☎ 966 645 008 / 926 043 173

Brotas (Mora)

Casas de Romaria (E)
Se trata de 6 casas de diversas características decoradas con buen gusto según la tradición alentejana, con varias antigüedades. Organizan varias actividades, entre ellas un taller de alfarería, otro de pintura de azulejos, y también deportivas, como piragüismo y senderismo.

✉ Rua da Igreja, 30
☎ 966 948 643
🖱 www.casasderomaria.com

Estremoz

Estremoz Hotel (E)
Hotel acogedor con vistas al castillo de Estremoz. Ideal para disfrutar de unos días en esta pintoresca localidad alentejana, así como para conocer los alrededores. Dispone de restaurante y bar.

✉ Rua da Fonte do Imperador, EN 4
☎ 268 339 950
🖱 www.estremozhotel.com

Pousada Castelo Estremoz
Localizada dentro de las muralhas del castillo de la ciudad, este parador destila encanto y glamur, ya que se sitúa en un antiguo palacio. La decoración de hecho es alusiva a esos tiempos y parece que la función antigua del edificio aún permanece. Tiene piscina, jardines y variadas comodidades. Disfrute también del restaurante y del bar.

✉ Largo de D. Diniz
☎ 268 332 075
🖱 www.pousadas.pt

Évora

Convento do Espinheiro (C)
Lujoso hotel de 5 estrellas instalado en un convento del siglo XV. Dispone de piscinas, pista de tenis, sauna, *fitness*, *spa*, biblioteca y todas las comodidades inimaginables. Aproveche para probar la gastronomía alentejana en el restaurante Divinus y para probar algún vino de la región en el Wine Bar. Puede disfrutar de varias actividades.

✉ Quinta Convento Espinheiro, Canaviais
☎ 266 788 200
🖱 www.conventodoespinheiro.com

Évora Inn (E)
Espacio situado en pleno centro de Évora que conjuga un ambiente moderno con un edificio histórico. Ambiente acogedor, joven y tranquilo, decorado con obras de grandes pintores y marcas de diseño, lo que hace que cada habitación sea única.

✉ Rua da República, 11
☎ 266 744 500
🖱 www.evorainn.com

Vila Galé Évora (M)
Inaugurado en 2015, este hotel de la reputada cadena hotelera portuguesa se halla junto a las murallas, a dos minutos a pie del centro. Cuenta con casi 200 habitaciones y suites modernas, dos restaurantes, piscina y spa.

✉ Avenida Túlio Espanca
☎ 266 758 100
🖱 www.vilagale.com

Monte do Serrado de Baixo (M)
Casa típica alentejana con 4 habitaciones dobles decoradas con referencias a la región. Tiene un jardín con piscina y una casa de campo para momentos de ocio inolvidables. El espacio es extremadamente acogedor, ya que el objetivo es que se sienta en su casa. Aparcamiento gratuito.

✉ Quinta do Serrado, Sr. dos Aflitos
☎ 266 743 134
🖱 www.montedoserradodebaixo.com

Pousada Convento Évora (C)
Una de las más famosas *Pousadas* de Portugal, situada en el centro de la ciudad en un antiguo convento. Habitaciones bien decoradas que conjugan lo más tradicional con lo más sofisticado proporcionando una estancia inolvidable. Piscina, wifi y aparcamiento gratuito. Restaurante situado en el claustro, uno de los rincones más bonitos de la ciudad.

✉ Largo Conde Vila-Flor
☎ 266 730 070
🖱 www.pousadas.pt

Juromenha

Casas de Juromenha (M)
Espacio que dispone de 6 casas situadas en pleno río Guadiana. La vista es de cortar la respiración. Puede gozar de la piscina, la naturaleza a su alrededor o puede apenas descansar con una bebida en el bar. Wifi y aparcamiento gratuitos. Ambiente acogedor y familiar.
✉ Juromenha, Alandroal
☎ 934 086 554
🖱 www.casasdejuromenha.com

Montemor-o-Novo

Casa da Amieira (M)
Alojamiento que alía a la perfección la fauna con la flora y que dispone de todas las comodidades para proporcionarle unos días de descanso. Tiene restaurante y spa.
✉ Rua Dr. Carlos Nunes Ferreira, Amiais de Cima
☎ 249 877 080
🖱 www.casadaamieira.com

L'and Vineyards (C)
El lujo es el protagonista de este complejo turístico distinguido con varios galardones. La arquitectura contemporánea se integra en un paisaje natural idílico donde predominan los viñedos. Dispone de spa, y de un restaurante con mucha fama.
✉ N4, Herdade das Valadas
☎ 266 242 400
🖱 www.l-and.com

Monsaraz

Estalagem de Monsaraz (M)
Unidad hotelera de piedra, en perfecta armonía con la arquitectura de la villa y con unas vistas soberbias sobre la llanura y el Gran Lago de Alqueva. La fonda tiene 18 habitaciones decoradas siguiendo el buen gusto alentejano y tiene piscina y jardín.
✉ Largo de S. Bartolomeu, 5
☎ 920 397 214
🖱 www.estalagemdemonsaraz.com

Casa Pinto (M)
Ideal para el descanso, este hotel proporciona unas vistas de ensueño. Cada una de las 5 habitaciones tiene una decoración diferente. Dispone de una fantástica terraza, wifi y aparcamiento gratuitos y desayuno incluido.
✉ Pç. de Nuno Álvares Pereira, 10
☎ 266 557 076

Reguengos de Monsaraz

Monte Alerta (M)
Habitaciones decoradas con mobiliario tradicional y buen gusto en este monte alentejano de turismo rural que dispone de piscina, spa y un bello jardín. Ideal para relajarse y sentir el espíritu del Alentejo, este espacio ofrece la posibilidad de realizar muchas actividades al aire libre. Wifi y aparcamiento gratuitos. Resulta ideal para observar el cielo del Alentejo. Definitivamente, imperdible.

✉ Monte Alerta, Telheiro
☎ 966 155 353
🖱 www.montealerta.pt

Viana do Alentejo

Herdade da Mata (M)
Hacienda que dispone de una casa de campo con 3 habitaciones y con otros espacios muy agradables: sala común, cocina, alpendre, piscina o jardín… También hay un centro hípico donde se puede aprovechar para montar a caballo. Además, la hacienda tiene otros animales y puede participar en el paseo «Un día en el campo» para conocerlos.
✉ Sociedade Agrícola Mata Linda, Alcáçovas
☎ 266 949 011
🖱 www.herdade-da-mata.com

Vila Viçosa

Pousada Convento Vila Viçosa (M)
Situada en el Convento Real das Chagas de Cristo, este parador está justo en el centro de la localidad. La decoración es sobria y con buen gusto. Tiene piscina, restaurante y una terraza excelente. Aparcamiento gratuito. Ideal para relajarse y pasear por la maravillosa población de Vila Viçosa.
✉ Terreiro do Paço
☎ 268 980 742
🖱 www.pousadas.pt

ALENTEJO LITORAL

Alcácer do Sal

Pousada Castelo Alcácer do Sal (M/C)
Parador ubicado en el interior del castillo que está considerado uno de los mejores hoteles de lujo. Las vistas desde el castillo sobre el río Sado son de cortar la respiración. Tiene piscina, un gran abanico de actividades para realizar fuera de la *pousada*. Aparcamiento gratuito. Prima por la excelencia del servicio y de las instalaciones.
✉ Castelo de Alcácer do Sal
☎ 265 613 070
🖱 www.pousadas.pt

Almograve

Pousada da Juventude (E)
Localizada en pleno parque natural, es una propuesta económica para pasar unos días inolvidables en las excelentes playas que ostenta la costa alentejana.
- ✉ Rua do Chafariz
- ☎ 283 010 532
- 🖥 www.pousadasjuventude.pt

Azenhas do Mar

Casa da Seiceira (M)
Propiedad a escasos 5 minutos a pie de la playa, con habitaciones bien decoradas y un ambiente acogedor. Tiene wifi y aparcamiento gratuito. El desayuno está incluido y se puede optar por una habitación o un apartamento.
- ✉ Chaminé, 11 Brejão
- ☎ 966 604 534
- 🖥 www.casadaseiceira.com

Grândola

Herdade das Barradas da Serra (M)
Hacienda de turismo rural de 10 habitaciones decoradas siguiendo los parámetros alentejanos y que permite disfrutar de unas excelentes vistas. Muy cerca de la playa.
- ✉ N261
- ☎ 961 776 610
- 🖥 www.barradasdaserra.pt

Porto Covo

Porto Covo Hotel Apartamento (M)
Hotel con pequeños apartamentos con todas las comodidades necesarias. A 500 m del centro y a 800 m de la playa. Tiene piscina, sala de juegos y terraza.
- ✉ Rua Vitalina da Silva, Lote 1 e 2
- ☎ 269 959 140
- 🖥 wwww.hotelportocovo.com

Santiago do Cacém

Monte Xisto Hotel Rural (M/C)
Paz y sosiego asegurado. Dispone de restaurante, piscina, masajes, *babysitting* y trans-*fer* privado al aeropuerto. Es el lugar indicado para ir en familia o con la pareja. Además de habitación, también se puede reservar una casa de campo.
- ✉ Herdade do Juncalinho Vale das Éguas, Vale de Água
- ☎ 269 900 040
- 🖥 www.montexisto.com

Santa Clara-a-Velha

Santa Clara Country Hotel (M)
Hotel situado en la antigua Pousada, en el que se puede disfrutar de unas vistas maravillosas sobre la sierra de Monchique, ya que se localiza en la frontera entre el Alentejo y el Algarve. El embalse está justo al lado, lo que proporciona un ambiente idílico. Piscina, aparcamiento gratuito. Estancia de gran calidad.
- ✉ Barragem de Santa Clara
- ☎ 283 882 250
- 🖥 www.santaclara-hotel.com

São Teotónio

Cerro da Fontinha (M)
Caserón con habitaciones y estudios. Se encuentra junto a un lago natural y muy cerca de las playas. Decoración rústica y de buen gusto. Dispone de wifi y aparcamiento gratuito. Se pueden realizar varias actividades o simplemente descansar en las varias zonas verdes que rodean este centro de ecoturismo idílico.
- ✉ Cerro da Fontinha
- ☎ 917 802 588
- 🖥 www.cerrodafontinha.com

Sines

Hotel Apartamento Sinerama Sines (M)
Hotel con 70 estudios y 35 apartamentos, algunos con vistas al mar. En el centro de la ciudad. Tiene bar, restaurante y otros servicios.
- ✉ Rua Marquês de Pombal, 110
- ☎ 269 000 100
- 🖥 www.sineramahotel.com

Tróia

Aqualuz (M)
Hotel con estudios y *suites*, algunos con vistas al mar. Ideal para familias, dispone de *spa*, áreas de ocio, restaurante y bar. También se pueden practicar varias actividades al aire libre o disfrutar de la excelente playa.
- ✉ Tróia - Carvalhal GDL
- ☎ 265 499 000
- 🖥 www.editoryhotels.com

Blue & Green Troia Design Hotel (C)
Hotel de cinco estrellas de arquitectura contemporánea ubicado junto al puerto deportivo de Tróia y que goza de unas vistas deslumbrantes. Buena relación calidad-precio. Ideal para parejas, familias o congresos.
- ✉ Marina de Tróia
- ☎ 265 498 000
- 🖥 www.troiadesignhotel.com/pt

Vila Nova de Milfontes

Sol da Vila (E)
Hotel acogedor situado a 350 m de la playa que permite disfrutar de estas excelentes playas atlánticas. Ideal para estancias en pareja o en familia y para aprovechar todo lo que esta localidad tiene para ofrecer.
- ✉ Rua Custódio Brás Pacheco, 4
- ☎ 962 574 157
- 🖥 www.soldavila.com

Quinta Pedagógica Samoqueirinha (E/M)
A menos de 10 km de Vila Nova, este turismo rural dispone de nueve habitaciones, una piscina, una granja pedagógica y paseos a caballo. El *chek-in* se realiza en la recepción del Hotel HS Milfontes Beach (Avenida Marginal).
- ✉ Samoqueirinha
- ☎ 283 990 070
- 🖥 www. quintadasamoqueirinha. com; geral@quintadasamoqueirinha.com

Zambujeira do Mar

Herdade do Sardanito da Frente (M)
Turismo rural a 2 km de las playas da Zambujeira. Ideal para disfrutar del campo y del Atlántico con todas las comodidades. Cuenta con habitaciones y bungalós.
- ✉ Herdade do Sardanito da Frente
- ☎ 967 027 353
- 🌐 herdadedosardanitodafrente.com

SUR DEL ALENTEJO

Barrancos

Parque de Natureza de Noudar (M)
Dos casas en plena naturaleza, dispone de 6 habitaciones. Tiene vistas hacia el castillo de Noudar. Hay una cocina común para preparar sus comidas. Se pueden practicar varias actividades de contacto con la naturaleza.
- ✉ Parque de Noudar, Herdade da Coitadinha
- ☎ 285 950 000
- 🌐 www.parquenoudar.com

Beja

Herdade da Malhadinha Nova - Relais & Châteaux (C)
Moderna y lujosa finca integrada en la llanura alentejana que proporciona lo mejor de la región en un ambiente de exclusividad. Dispone de un centro hípico, una bodega, un restaurante y un spa.
- ✉ Herdade da Malhadinha Nova
- ☎ 284 965 432
- 🌐 www.malhadinhanova.pt

Pousada Convento Beja (M)
Hotel situado en un convento del siglo XIII con una arquitectura de permanecer boquiabierto. Las habitaciones son confortables y están bien decoradas. Dispone de restaurante, bar, jardín y aparcamiento gratis. Y todo

esto con la calidad habitual de las *pousadas* de Portugal.
- ✉ Largo D. Nuno Álvares Pereira
- ☎ 284 313 580
- 🌐 www.pousadas.pt

HI Beja - Pousada da Juventude (E)
Propuesta económica para pasar unos días.
- ✉ Rua Prof. Janeiro Acabado
- ☎ 284 325 239
- 🌐 www.pousadasjuventude.pt

Castro Verde

Parque de Campismo (E)
Camping de 3 ha con todas las facilidades al alcance. Tiene un parque infantil, campo de juegos, sala de estar y bar. Ideal para unos días de descanso al aire libre.
- ✉ Rua Timor Lorosae
- ☎ 286 320 150
- 🌐 www.cm-castroverde.pt

Mértola

Hotel Museu (M)
Situado en el centro histórico, este hotel tiene la peculiaridad de albergar un museo junto a la recepción con vestigios descubiertos cuando se construyó. Tiene 25 habitaciones con todas las comodidades necesarias, wifi y aparcamiento gratuitos, y una bella terraza para disfrutar del sol.
- ✉ Rua Dr. Afonso Costa, 112
- ☎ 913 402 033
- 🌐 www.hotelmuseu.com

Residencial Beira Rio (E)
Hotel sencillo con precios muy atractivos. Las habitaciones con baño privado disponen de un balcón con excelentes vistas sobre el río Guadiana y la ciudad. Wifi y aparcamiento gratuitos. Una propuesta a no perder de vista.
- ✉ Rua Dr. Afonso Costa, 108
- ☎ 913 402 033
- 🌐 www.beirario.pt

Mina de São Domingos

Monte da Galega (E)
Mansión rural con 9 habitaciones amplias, bien decoradas y muy acogedoras. Tiene

piscina, jardín y aparcamiento gratuito. Pode ayudar en las actividades diarias del monte, por ejemplo alimentando los animales, o simplemente pasear en bicicleta, en burro o a pie por esta atractiva propiedad agrícola.
- ✉ Monte da Galega
- ☎ 965 726 435
- 🌐 www.montedagalega.com

Moura

Hotel de Moura (E)
Agradable y acogedor hotel situado en un edificio del siglo XVII, con patio y jardín. Tiene bar y wifi gratis.
- ✉ Praça Gago Coutinho, 1
- ☎ 285 251 090
- 🌐 www.hoteldemoura.com

Santa Vitória (Beja)

Vila Galé Alentejo Vineyards (E)
Hotel rural de cuatro estrellas en un paraje alentejano idílico. Renovado en 2014, dispone de más de 80 habitaciones y *suites,* piscinas exteriores e interior, restaurante, bar, gimnasio y sala de masajes. Además ofrece varias actividades, como paseos a pie o en caballo, burro, carro, bicicleta, *quads*, piragua y globo. Los más pequeños pueden alimentar a los animales en la granja y en verano ofrecen varias actividades infantiles. Un buen lugar para ir en familia.
- ✉ Herdade da Figueirinha, Santa Vitória
- ☎ 284 970 100
- 🌐 www.vilagale.com

Serpa

Monte da Morena (M)
Espacio de 30 ha dedicado al turismo rural con 5 habitaciones y un apartamento. Piscina, sala de juegos, wifi y aparcamiento gratuitos. Dispone también de un jardín y de un alpendre ideales para el descanso en compañía de un buen libro y una copa de vino.
- ✉ Monte da Morena
- ☎ 917 629 010
- 🌐 www.montemorena.com

Ir de compras

MERCADOS PERMANENTES

La mayoría de ciudades y localidades importantes tienen su mercado municipal. El horario habitual es, de martes a domingo, de 7 h a 13 h. Los productos frescos abarrotan los puestos. He aquí algunos de los más destacados:

Mercado Municipal de Évora
✉ Praça 1º de Maio

Mercado Municipal de Beja
✉ Rua Dom Afonso Henriques, junto al Jardim Público

Mercado Municipal de Reguengos de Monsaraz
✉ Av. António José de Almeida

Mercado Municipal de Vila Viçosa
✉ Largo Mouzinho de Albuquerque

Mercado Municipal de Elvas
✉ Casa das Barcas, Rua dos Quartéis

Mercado Municipal de Sines
✉ Avenida General Humberto Delgado

MERCADILLOS/ RASTROS

El mercadillo de antigüedades de Estremoz es el más destacado y renombrado de la comarca del Alentejo, pero, aparte de él, hay otras propuestas interesantes:

Estremoz
✉ Rossio Marquês de Pombal
🕐 Todos los sábados por la mañana

Elvas
✉ Praça da República
🕐 Todos los lunes

Évora
✉ Praça 1º de Maio
🕐 2º domingo de mes

Borba
✉ Av. do Povo y Largo da Liberdade
🕐 Primer domingo de mes

Marvão
✉ Largo de Olivença
🕐 Primer domingo de mes

Ponte de Sor
✉ Av. da Liberdade, Campo da Restauração
🕐 Segundo sábado de mes

Beja
✉ Jardim do Bacalhau
🕐 Primer sábado de mes

TIENDAS CON CARÁCTER

A pesar de lo arraigadas que están las tradiciones, muchos oficios luchan ahora para subsistir. El ambiente rural del Alentejo ha propiciado muchos artesanos a consecuencia de los recursos que brotan de la tierra. Estas son algunas sugerencias de tiendas tradicionales.

ALFARERÍA Y CERÁMICA

La capital alfarera de la Península Ibérica es São Pedro do Corval, que concentra un gran número de talleres que moldean el barro. Hay otras localidades también conocidas por las *olarias* (alfarerías), como Redondo, Nisa, Viana do Alentejo, Beringel y Flor da Rosa. La cerámica no queda muy atrás. Los muñecos de barro de Estremoz son una pieza artística centenaria.

Arraiolos

As caricaturas de terracota de Tiago Cabeça
✉ Travessa do Atafona 1
☎ 266 746 049
🌐 aldeiadaterra.wixsite.com

Beringel (Beja)

Olaria António Mestre
✉ Travessa da Cabine, 1
☎ 284 998 397

Estremoz

Olaria Afonso Ginja
✉ Rua Direita, 7
☎ 268 081 618

Flor da Rosa (Crato)

Barros Flor da Rosa
✉ Rua D. Nuno Álvares Pereira, 58
☎ 245 009 300
🌐 www.jf-flordarosa.pt/olaria. htm

Nisa

Olaria António de Oliveira Caixado Pequito
✉ Rua 25 de Abril, 72
☎ 245 412 182

Redondo

Olaria Pirraça
✉ Rua Conde Redondo, Lote 85

266 909 797
www.olariapirraca.pt

Olaria Xico Tarefa
Rua João Anastácio
da Rosa, 4
964 636 494

**São Pedro do Corval
(Reguengos
de Monsaraz)**

Casa do Barro
Rua do Jardim, 32
961 248 195

Olaria Tavares
Rua dos Castelhanos, 10
960 018 520

Olaria Patalim
Estrada de Monsaraz, 12
967 753 883

**Olaria Joaquim
Lagareiro**
Estrada de Monsaraz, 9
964 029 776

Olaria M. Beijinho
Rua de São de Pedro, 35
266 549 169

**Olaria Carrilho
Lopes**
Rua da Olaria, 11
266 549 161
www.olaria-carrilho.com

Viana do Alentejo
**Olaria Mira
Agostinho**
Rua Cândido dos Reis, 17
266 939 273

Vila Viçosa
**Atelier de Cerâmica
de Cristina Claro**
Largo Mariano
Prezado, 13
962 497 648

**CORCHO
Y OTRAS MADERAS**
La gran cantidad de alcornoques proporciona mucho corcho a la región. Los *corticeiros*, artistas que trabajan esta corteza, realizan verdaderas obras de arte. Asimismo, otras maderas, como la de la encina, han servido para

Mercados Itinerantes

Las ferias ambulantes son un lugar muy concurrido por los alentejanos. Sería imposible hacer una lista detallada de todas. Se recomienda solicitar más información en las Oficinas de Turismo. A continuación, dejamos una lista de algunos de los mercados mensuales más destacados:

Santiago do Cacém: Segundo lunes de mes.
Alcácer do Sal: Primer sábado de mes.
Alter do Chão: Primer jueves de mes.
Alvalade: Segundo domingo de mes.
Arronches: Último domingo de mes.
Beja: Primer sábado de mes.
Borba: Segundo domingo de mes.
Castro Verde: Tercer miércoles de mes.
Cuba: Primer viernes de mes.
Évora: Segundo martes de mes.
Ferreira do Alentejo: Primer sábado de mes.
Grândola: Segundo lunes de mes.
Melides: Tercer sábado de mes.
Mértola: Primer jueves de mes.
Moura: Primer sábado de mes.
Odemira: Primer lunes de mes.
Portalegre: Tercer domingo de mes.
Porto Covo: Primer y tercer martes de mes.
Sines: Primer jueves de mes.
Vendas Novas: Tercer domingo de mes.
Vila Viçosa: Todos los miércoles.

perpetuar el arte pastoril. Los cestos de mimbre y madera de castaño resistirán, con toda seguridad, a la industria en serie.

Azaruja
(Évora)
Cortiçarte
Parque Industrial, Rua A, 7
966 776 615

Castro Verde
**Henrique Santana
Felício Chaveiro**
Rua Júlio Dinis, 27
966 473 639

Évora
O Cesto
Rua 5 de Outubro, 77
266 703 344

Mont'sobro
Rua 5 de Outubro, 61ª
266 704 609
www.montsobro.com

Marvão
**José Braz Nunes
Maroco (corcho y
madera)**
Vale de Rodão
245 993 706

**João da Conceição
Pereira (corcho y
madera)**
Beirã (a 10 km de Marvão)
245 992 712 (preguntar en
el pueblo por el corticeiro).

MUEBLES
Los muebles alentejanos, pintados a mano, tienen una gran fama y valor, debido al detalle y el mimo con el que son trabajados. Muchas de las sillas tienen los asientos de tule.

Ferreira do Alentejo
Mobitral
Rua Visconde de Ferreira do
Alentejo, 6
284 739 140

Redondo

Joaquim Boavida
✉ Zona Industrial, Lote 2 y 4
☎ 963 257 853
🌐 www.cadeiras-alentejanas.
blogspot.pt

Santiago do Cacém
Cadeiras Alentejanas
🌐 artesanatodoalentejo@
hotmail.com
☎ 919 258 447

TEJIDOS

Arraiolos

**Casa dos
Tapetes de Arraiolos**
✉ Rua Lima e Brito, 8
☎ 266 419 526
🌐 casatapetesarraiolos.com

**Hortense Gallery
Arraiolos**
✉ Rua Alexandre Herculano,
22
☎ 965 632 589
🌐 hortensegalleryarraiolos.pt

**FRACOOP,
Fraternidade
Cooperativa de
Artesanato de
Tapetes de Arraiolos**
✉ Praça do Município, 17
☎ 266 499 277

Tiraz
✉ Praça da República,1
☎ 932 271 002

Cercal
(Santiago do Cacém)
Alentejo Weaving
✉ Chaparral,
Cercal do Alentejo
☎ 934 325 266
🌐 pt-pt.facebook.com/
AlentejoWeaving/

Cuba
**Carpintaria «Móveis
Caluta»**
✉ Rua Fonte dos Leões, 19
☎ 284 412 359

Évora
Capote's
✉ Rua Miguel
Bombarda, 16

☎ 967 099 330
🌐 capotes.pt

Mértola
**Cooperativa Oficina de
Tecelagem**
✉ Rua da Igreja, 35
☎ 286 610 100

Monsaraz
**Fabrica Alentejana de
Lanifícios (tienda)**
✉ Rua do Celeiro
☎ 266 557 159

Nisa
**Centro de Artesanato
Regional de Nisa**
✉ Rua Júlio Basso, 45
☎ 245 412 465

Portalegre
**Manufactura
de Tapeçarias
de Portalegre
(tapicería)**
✉ Rua Dona Iria
Gonçalves, 2
☎ 245 301 400
🌐 www.mtportalegre.pt

Reguengos de Monsaraz
**Fábrica Alentejana de
Lanifícios (visitas a la
fábrica)**
✉ Rua dos Mendes, 79
☎ 266 502 179
🌐 www.fabricaal.com

CUERO Y OTRAS PIELES

Las curtidurías, las correrías
y zapaterías artesanales ofrecen un claro testimonio de
la tradición tan arraigada de
todos aquellos oficios relacionados con las pieles.

Alqueva
**Jerónimo Gaudêncio-
Botas Alentejanas**
✉ Rua da Liberdade, 3
☎ 969 925 922
🌐 www.botasalentejanasj.pt

Cuba
**Arte Tradicional de
Calçados Artesanais**
✉ Rua do Penedo, 1
☎ 964 080 666 / 284 415 374

Montemor-o-Novo
Correaria Guerreiro
✉ Largo Calouste Gulbenkian,
171

Nossa Senhora de Machede (Évora)
Lidório & Fernandes
✉ Rua Fáb. Peles, 19-21,
Nossa Senhora de Machede
(Desvio por la N254 a la
derecha viniendo de Évora)
☎ 266 917 118

Santa Maria do Castelo (Alcácer do Sal)
Correaria Goucha
✉ Av. Aviadores Gago
Coutinho e Sacadura Cabral,
19, Santa Maria do Castelo,
a 25 km de Alcácer do Sal
por la IC1.
☎ 265 622 418
🌐 www.correaria-goucha.com

Terrugem (Elvas)
**Tigapele-Soc. de
Curtumes**
✉ Rua da Horta, 51, Terrugem
(entre Elvas y Estremoz por
la A6)
☎ 268 658 180 / 967 607 593

HIERRO FORJADO

Algunas poblaciones se enorgullecen de poseer fantásticas obras escultóricas
de hierro forjado en algunos
objetos cotidianos, como en
las aldabas de las puertas.

Ferreira do Alentejo
Camas de Ferro
✉ Rua Capitão Mouzinho, 62
☎ 969 090 764
🌐 www.camasdeferro.net

CENCERROS

El arte de hacer *chocalhos*
(cencerros) esconde el respeto que se tiene al ganado.
Comprar un *chocalho* equivale a colaborar para que no
se silencie el tilintear de este
oficio. Alcáçovas es la capital del *chocalho*. En 2015, la
Unesco declaró Patrimonio
Cultural Inmaterial de la
Humanidad el arte de hacer
cencerros.

Alcáçovas

Chocalhos Pardalinho
- Rua dos Saberes e Sabores, 12
- 266 954 427 / 968 685 101
- chocalhospardalinho.com

«Museu do Chocalho» de João Chibeles Penetra
- Rua da Esperança, 152/4
- 266 954 131

Estremoz

Casa Galileu
- Rua Vítor Cordon, 16
- 967 623 057
- casagalileu.pt

Reguengos de Monsaraz

Joaquim José Veladas Correia
- Rua das Áreas de Baixo, 41 C
- 967 987 512

ESTAÑO

Estas dos poblaciones tienen una larga tradición en crear objetos decorativos con este mineral.

Reguengos de Monsaraz

A Loja
- Rua 1.º de Maio, 14
- 926 215 016

Santa Eulália (Elvas)

Fercinco
- Av. Capitão Vaz, Santa Eulália, a 18 km de Elvas al norte por la N246
- 968 061 880

Francisco Ferreira Jr.
- Rua Capitão Vaz Monteiro, 48

HOJALATERÍA

El *latoeiro* (hojalatero) es uno de los oficios más amenazados, pero algunos artesanos del sector insisten en resistir a los nuevos tiempos y siguen realizando objetos manufacturados de excelente calidad.

Gavião

Manuel Infante
- Rua Dr. Eusébio Leão
- 241 631 210

Mombeja (Beja)

Mário Narciso
- 960 403 319

MÁRMOL

Hay varios artistas artesanos que todavía saben trabajar esta magnífica piedra.

Bencatel (Vila Viçosa)

AGF Mármores
- Lugar das Janelas, Ap. 92, EN 254, km 3.349
- 268 400 110

Estremoz

Elapedra
- Largo D. Dinis, 13
- 963 273 440

OTRAS TIENDAS

Beja

ARABE
- Praça da República
- 968 718 872

Borba

Acervo 8+
- Rua 13 de Janeiro, 126
- 912 819 005

Estremoz

Licores Caseiros
- Rua da Restauração, 9
- 268 081 211
- www.licorescaseiros.com

Évora

O Cesto
- Rua 5 de Outubro, 77
- 266 703 344

Pastelaria Conventual Pão de Rala
- Rua do Cicioso, 47
- 266 707 778

Marvão

Mercearia de Marvão
- Rua do Espírito Santo, 1
- 968 147 862

Serpa

Casa de Artesanato
- Rua dos Cavalos, 33
- 968 100 150

Os Sabores de Serpa
- Rua Frida Khalo, 26
- 927 297 554

Sines

A Formiga
- Rua Teófilo Braga, 22
- 925 054 540

Tejidos y alfombras

Los *tapetes* (alfombras) de Arraiolos están reconocidos internacionalmente, y son el mayor estandarte de esta villa. Portalegre tiene una arraigada tradición en tapicería. Las mantas hechas a mano de Mértola y Monsaraz son piezas de un museo cotidiano. En Nisa y Campo Maior encontrará especialistas en sofisticados encajes y bordados. En Castelo de Vide se cruzará con mujeres que venden *trapologia* (patchwork). Y si se aventura a acercarse hasta Aldeia da Serra, allí encontrará los tradicionales calcetines de lino (*meias de linho*) que utilizan la inmensa mayoría de las campesinas.

▌Divertirse

IR CON LOS NIÑOS

Arronches

Museu de (a) Brincar
Ampliado y remodelado en 2012, este museo del juguete no solo divertirá a los más pequeños. Dispone de actividades lúdicas.
- ✉ Largo Serpa Pinto
- ☎ 245 580 088
- 🖥 cm-arronches.pt
- 🕐 Abierto de 10 h a 13 h y de 14 h a 18, cierra lunes

Castro Verde

Centro de Educação Ambiental do Vale Gonçalinho
Espacio dinámico e interactivo esencial para conocer los recursos naturales de la región. No solo para niños. Se debe reservar con bastante antelación.
- ✉ Herdade do Vale Gonçalinho
- ☎ 286 328 309
- 🖥 www.lpn.pt
- 🕐 Abierto de martes a sábado, de 9 h a 13 h y de 14 h a 18 h

Estremoz

Centro Ciência Viva
Museo de la ciencia muy interactivo dentro de un bonito convento.

- ✉ Convento das Maltezas, Rossio do Marquês de Pombal
- ☎ 268 334 285
- 🖥 www.ccvestremoz.com
- 🕐 Abierto de 10 h a 18 h, lunes cerrado

Évora

100 Fronteiras
Karts, *paintball*, juegos medievales (tiro con arco, cerbatana y ballesta), deportes…
- ✉ N112, km 182. Kartódromo de Évora
- ☎ 925 213 100
- 🖥 www.100fronteiras.pt

Lousal

Mina de Ciência-Centro Ciência Viva do Lousal
Exposiciones interactivas y otras actividades para introducirse en la minería.
- ✉ Avenida Frédéric Velge
- ☎ 269 750 520
- 🖥 lousal.cienciaviva.pt
- 🕐 Abierto de 10 h a 18 h, lunes cerrado

Montemor-o-Novo

Monte Selvagem
Más de 300 animales en plena naturaleza. Muy recomendable.
- ✉ Monte do Azinhal, Lavre. N4, a 6 km de Montemor-o-Novo desde Vendas Novas
- ☎ 265 894 377
- 🖥 www.monteselvagem.pt
- 🕐 Abierto de 10 h a 17 h

Mora

Fluviário de Mora
Primer gran acuario de agua dulce de Europa. Toda una experiencia.
- ✉ Parque Ecológico do Gameiro, Cabeção, a 6 km de Mora
- ☎ 266 448 130
- 🖥 www.fluviariomora.pt
- 🕐 Abierto de 10 h a 19 h en verano; en invierno cierra a las 17 h

Santiago do Cacém

Badoca Safari Park
Parque temático con safaris y observación de aves rapiña. Muchas especies africanas. Restaurantes y parques de meriendas.
- ✉ Herdade da Badoca, Vila Nova de Santo André, a 7 km de Santiago do Cacém
- ☎ 269 708 850
- 🖥 www.badoca.com/
- 🕐 Abierto de 9.30 h a 19 h (último safari a las 18 h). Hasta las 17.30 h en invierno

Vila Ruiva

Cappa InsectoZoo
Museo vivo sobre el gran universo de los insectos sociales (abejas, avispas, termitas y hormigas).
- ✉ Rua 5 de Outubro, 40. Vila Ruiva, a 12 km de Cuba
- ☎ 284 495 136 / 966 123 676
- 🖥 www.cappas-insectozoo. com.pt; joaocappas@mail. telepac.pt
- 🕐 Visita con reserva previa

ENOTURISMO
Existe un sinfín de bodegas que ofrecen visitas guiadas con catas. Para introducirse en este mundo de aromas y sabores, se recomienda empezar por visitar en Évora la sala de pruebas **Rota dos Vinhos**, donde, además de degustar los mejores vinos y comprar alguna botella, podrá asesorarse sobre las castas y las características de cada subregión, y recoger toda la información necesaria para realizar una ruta del vino.

Rota dos Vinhos/Sala de Pruebas
- ✉ Rua 5 de Outubro, 88, Évora
- ☎ 266 746 498
- 🖥 www.vinhosdoalentejo.pt
- 🕐 De 9 h a 13 h y de 14 h a 17.30 h; en verano hasta las 18 h. Cierra domingo

▎Deportes de aventura

Las condiciones orográficas del Alentejo, junto al hecho de no haber sido tan explotado turísticamente como el Algarve, propician una gran número de empresas de deportes de aventura. Aquí sobre todo se ha apostado por un turismo sostenible, en plena armonía con la naturaleza y fiel a sus tradiciones. Eso sí, dinámico y consciente del paso del tiempo y de su mucha riqueza.

Alter do Chão

Coudelaria Alter Real
Caballos ibéricos, prezevalskis, especie equina en extinción, halcones, exposiciones, carrozas. Visitas guiadas de hora y media.
- ✉ Tapada do Arneiro
- ☎ 245 610 060
- 🕾 www.far.alterreal.pt

Beirã (Marvão)

Rail Bike Marvão
Excursiones pedaleando sobre las vías de la extinguida línea ferroviaria.
- ✉ Estação Ferroviária Beirã-Marvão, Cais Coberto, Largo da Estação.
- ☎ 0351 912 987 639
- 🕾 www.railbikemarvao.com

Comporta

Carvalhal Surf School
Escuela de surf.
- ✉ Praia do Carvalhal (no confundirlo con la playa homónima de Odemira).
- ☎ 967 566 192
- 🕾 www.surfincomporta.com

Évora

Lanius - Turismo e Ambiente
Observación de aves. Ideal para amantes de la fotografía.
- ☎ 968 865 067
- 🕾 www.lanius.pt

D'Bike
Alquiler de bicicletas.
- ✉ Rua Horta das Figueiras, 69, r/c
- ☎ 266 707 707
- 🕾 www.d-bike.pt

Fly4Fun
Saltos tándem.
- ✉ Aeródromo de Évora
- ☎ 915 000 840
- 🕾 www.fly4fun.pt

Skydrive Portugal
Academia de paracaidismo.
- ✉ Aeródromo Mun. de Évora, N254 a Viana do Alentejo
- ☎ 915 000 840
- 🕾 skydiveportugal.pt

Turaventur
Paseos a pie, en bici y jeep, piragüismo.
- ✉ Quinta do Serrado - Sr. dos Aflitos, a 10 km, de Évora por la R114-4.
- ☎ 966 758 940
- 🕾 www.turaventur.com

Grândola

Passeios e Companhia
Recorridos ecoturísticos a pie o en bici, y también deportes de aventura, escalada y *rafting*.
- ✉ Rua do Pinheiro, Silha do Pascoal
- ☎ 269 476 702
- 🕾 www.passeiosecompanhia.com

Marvão

Caballos Marvão
Paseos a caballo por el corazón de la Sierra de São Mamede. Turismo ecuestre de calidad.
- ☎ (+34) 653 349 948
- 🕾 www.caballosmarvao.com

Montargil

Pure Lake Life
Alquiler, de barcos, deportes acuáticos, excursiones.
- ✉ N249
- ☎ 919 082 100

Mora

Azenhas da Seda
Deportes acuáticos.
- ✉ Moinho do Arieira, cerca de Pavia
- ☎ 266 448 036

Moura

Alqueva Tours
Alquiler de embarcaciones, paseos en barco y pesca deportiva en Alqueva.
- ✉ Rua Manuel Mendes, 16
- ☎ 918 973 494
- 🕾 www.alquevatours.com

Break
Actividades acuáticas en el lago de Alqueva.
- ✉ Monte dos Torrejais

962 922 109/965 560 613
www.alentejobreak.com

Odemira

Birding in Portugal
Observación de aves.
✉ Quinta do Barranco da Estrada, en Santa Clara-a-Velha
☎ 283933065
🌐 www.birding-in-portugal.com

Eco Trails
Rutas por tierra y por agua, en plena sintonía con la naturaleza.
✉ Largo da Feira
☎ 967 155 383
🌐 www.ecotrails.pt

Pavia

Azenhas da Seda
Actividades acuáticas durante todo el año.
✉ Embalse de Montargil, Aquaturismo
☎ 266 448 036
🌐 www.azenhasdaseda.com

Ponte de Sor

Orbitur Montargil
Camping que ofrece la posibilidad de practicar varios deportes en el embalse de Montargil.
✉ N2, entre Mora y Ponte de Sor
☎ 266 448 036
🌐 www.orbitur.pt

Portel

Amieira Marina
Principal puerto de recreo para disfrutar del embalse de Alqueva. Restaurante y cafetería. Alquiler de barcos-casa, una opción económica si se va en grupo.
✉ Amieira Marina, Amieira, a 17 km de Portel
☎ 266 611 173/4
🌐 www.amieiramarina.com

Porto Covo

Ecoalga–Centro de Mergulho
Centro de submarinismo con actividades náuticas y subacuáticas.
✉ Rua dos Pescadores, 15
☎ 964 620 394

🌐 www.ecoalga.com; ecoalga@gmail.com

Costazul Surf
Academia de surf.
✉ Rua Vasco da Gama, Lote 48, Porto Covo
☎ 932 665 269
🌐 www.costazulsurf.com

Santa Vitória (Beja)

Emotion–Life of Adventure
Excursiones en globo, piragua, quad y 4x4, birdwatching.
✉ Hotel Vila Galé Clube de Campo, Herdade da Figueirinha
☎ 925 508 116
🌐 reservas@upalentejo.pt

Up Alentejo
Paseos en globo.
✉ Hotel Vila Galé Clube de Campo, Herdade da Figueirinha
☎ 925 508 116
🌐 reservas@upalentejo.pt; www.upalentejo.pt

Setúbal

Rotas do Sal
Vela, piragüismo, paseos en barco, delfines, recorridos pedestres, observación de aves.
✉ Av. Luísa Todi, 163
☎ 938 122 190
🌐 www.rotasdosal.pt

Tróia

Troia Golf
El único campo de golf del Alentejo.
✉ Tróia Resort
☎ 265 494 024
🌐 troiaresort.pt

Sado Emotion
Actividades propias de la zona: paseos en barco, observación de delfines.
✉ Alameda da Marina
☎ 930 569 493
🌐 www.sadoemotion.pt

Vertigem Azul
Observación de delfines en el estuario del Sado. Un 95 por ciento de éxito de avistamiento.

✉ Rua Praia da Saúde, 11 D
☎ 916 982 907
🌐 http://vertigemazul.com

Vidigueira

EntreRios
Ofrece un amplio abanico de actividades relacionadas con los deportes de aventura en los ríos Guadiana y Mondego.
☎ 934 696 466/926 692 374
🌐 www.entrerios.pt

Vila Nova de Milfontes

Aventuractiva
Alquiler de bicicletas y kayacs, tours en 4x4, paseos en barco y otras actividades deportivas.
✉ Av. Marginal
☎ 964 134 643
🌐 www.aventuractiva.pt

JIG Pesca Embarcada
Salidas en barco para pescar en alta mar, en pleno Parque Natural del Sudoeste Alentejano.
✉ Portinho do canal
☎ 931 741 088

Sudaventura
Surf, piragüismo y paseos a caballo, en barco y bicicleta. Todo ello dentro de un ambiente desenfadado y agaradable.
✉ Rua Custódio Brás Pacheco, 38 A
☎ 283 997 231
🌐 www.sudaventura.com

Swsup
Escuela de deportes náuticos especializada en paddle surf.
✉ Praia das Furnas Rio
☎ 963 551 232
🌐 swsup.pt

Zambujeira do Mar

Zambeachouse
Escuela de surf.
✉ Rua Estrela do Mar, 7, Praia da Areia Branca
☎ 919 429 925
🌐 www.zambeachouseportugal.com

▎ Fiestas, ferias y festivales

El Alentejo es una tierra orgullosa de sus tradiciones, por lo que la animación está garantizada durante todo el año. A continuación se muestran algunas de las sugerencias más destacadas:

Enero

Fiestas de São Sebastião en Moura, Safara y Vale do Vargo (Serpa).

Febrero

Carnaval.
Feria del Queso en Serpa.

Marzo

Feria del porco alentejano en Ourique.
Muestra Gastronómica de Pescado de Río de Alandroal.
Vitifrades en Vila de Frades (Vidigueira).

Abril

FIAPE-Parque de Feiras en Estremoz.
Feria Medieval en Fronteira.
Semana Santa. Durante estas fechas son muchas las iglesias que sacan a sus patronas y patronos de procesión. Algunas de las romerías más destacadas son la de Nossa Senhora da Boa Nova en Terena, la de Senhora do Redondo en Alpalhão, la de Nossa Senhora da Represa entre Vila Ruiva y Cuba, la de Santa Bárbara en Borba, la de Santa Margarida en Evoramonte, la de Nossa Senhora da Enxara en Ouguela, a 10 km Campo Maior, la de Nossa Senhora dos Prazeres en Prazeres, a 8 km de Monforte, y la de Nossa Senhora do Carmo en Sousel.
Jazzfest en Portalegre.
Art Jazzfest en Elvas
Feira de São Marcos en Alter do Chão

Mayo

Festival Islámico en Mértola.

Fiesta Ibérica de la Alfarería y del Barro en São Pedro do Corval.
Feria de Garvão (Ourique).
Olivomoura en Moura.
Ovibeja–Feira Agrícola y de Animación en Beja.
Festival Terras sem Sombra en el Baixo Alentejo.

Junio

Feria de São João en Évora.
FEITUR en Vila Nova de Milfontes.
Festival Medieval en Elvas.
O Tapete está na Rua en Arraiolos.

Julio

Museu Aberto en Monsaraz.
Festival de Músicas del Mundo en Sines y Porto Covo.
Ruas Floridas (bienal) en Redondo.
FACECO en São Teotónio (Odemira).
Fiestas de Nossa Senhora do Carmo en Moura.
Feira do Chocalho en Alcáçovas.
Festival Sabores do Rio en Pedrógão (Vidigueira).

Agosto

Festival Sudoeste en Zambujeira do Mar (Herdade da Casa Branca).
Fiesta de las Flores (o Festas do Povo) en Campo Maior.
Festival do Crato.
Fiestas de Nossa Senhora da Conceição en Barrancos.
Feria de Nossa Senhora da Soledade en Porto Covo.

Septiembre

Feira da Luz en Montemor-o-Novo.
Feira d'Aires en Viana do Alentejo.
Feira do Monte en Santiago do Cacém.
Fiesta de N.ª Srª. da Luz en Aldeia da Luz.
Festas dos Capuchos en Vila Viçosa.

Feria de Artesanía en Moura.
Feria Anual en Cuba.

Octubre

Feira do Castro en Castro Verde.
Feria de los Santos-Parque de Ferias en Alvito.
Feria de Todos los Santos en Borba.
Al-Mossassa en Marvão.

Noviembre

Fiesta de la Viña y del Vino en Borba.
Cozinha dos Ganhões en Estremoz.
Feira do Montado en Portel.
Feria de la castaña. Marvão.
Vin & Cultura en Ervidel (Aljustrel).
Festa do Cante en Serpa.

Diciembre

Pesebre de Tamaño Real en Monsaraz.

Información Práctica

ANTES DE PARTIR

Qué llevar

Algunos países requieren que el pasaporte sea válido por un tiempo indeterminado (generalmente seis meses) tras la fecha de entrada. Contacte con su embajada, consulado o agencia de viajes para más detalles.

- Pasaporte/DNI: obligatorio
- Visado: no obligatorio
- Billete de ida y vuelta: recomendable
- Vacunas: no obligatorio
- Tarjeta sanitaria: no obligatorio
- Seguro de viaje: recomendable
- Permiso de conducir (nacional o internacional): obligatorio
- Certificado de seguro del coche (si es el propio): obligatorio
- Documento de registro del coche (para coche propio): obligatorio

Cuándo ir

Julio-agosto/Fin de año	Temporada alta
Abril-junio/septiembre-octubre	Temporada media
Febrero-marzo/noviembre-diciembre	Temporada baja

Clima

Instituto de Meteorología de Portugal: www.ipma.pt.

Évora

Enero-Febrero:	6-14 ºC	Sol y chubascos
Marzo-Abril:	8-18 ºC	Sol y chubascos
Mayo-Junio:	11-26 ºC	Sol
Julio-Agosto:	16-30 ºC	Sol
Septiembre-Octubre:	13-27 ºC	Sol
Noviembre-Diciembre:	6-13 ºC	Sol y chubascos

DURANTE LA ESTANCIA

Cómo llegar y desplazarse

Se puede acceder a Évora en **coche** desde Lisboa o Badajoz en menos de una hora y media por la autopista A6. La A2 conecta Lisboa con el Algarve y permite acceder al litoral y al extremo suroeste del Alentejo en menos de tres horas. La A23 conecta con Ciudad Rodrigo y Salamanca y permite acceder fácilmente a las localidades del norte del Alentejo. Esta autopista dispone de peajes electrónicos, por lo que conviene consultar antes las formas de pago (www.portugaltolls.com). Las carreteras nacionales sue-

---

Oficina de turismo en España

**Sede central:
Madrid**
✉ Calle Lagasca, 88, 4.º B.
☎ 0034 917 617 231.

Sedes de turismo del Alentejo

Turismo do Alentejo
✉ Rua dos Infantes, 12, Beja.
☎ 284 313 540.

Agência Regional de Promoção Turística do Alentejo
✉ Rua Manuel Baptista Reis, 6, R/C, Grândola.
☎ 00351 269 498 680.

Embajadas y consulados

Embajada de Portugal en España
✉ Calle Lagasca, 88, 4.º A, Madrid.
☎ 917 824 960.
Embajada de España en Portugal
✉ Rua do Salitre, 3.
☎ 213 472 381.
Consulados
Barcelona, Sevilla, Vigo, Orense, La Coruña, Cáceres, Badajoz, Bilbao, Ceuta, León, Las Palmas de Gran Canaria, Sta. Cruz de Tenerife y y Málaga. Puede consultar los contactos en www.portaldascomunidades.mne.gov.pt.

I Para saber más

Turismo del Alentejo: www.visitalentejo.pt
Turismo de Portugal: www.visitportugal.com
Recorridos pedestres: www.solagasta.com
Casas Brancas: www.casasbrancas.pt
Ruta de Alqueva: www.roteirodoalqueva.com
Heranças do Alentejo: www.herancasdoalentejo.net
Dirección Regional de Cultura del Alentejo:
www.cultura-alentejo.pt
Vinhos do Alentejo: ww.vinhosdoalentejo.pt
Mais Alentejo (revista en papel, fácil de encontrar):
www.revistamaisalentejo.com
Viral Agenda: www.viralagenda.com
Evasões: www.evasoes.pt
Boa Cama Boa Mesa: www.expresso.pt/boa-cama-boa-mesa

len estar en buenas condiciones, aunque a veces se debe ir con cuidado con el estado de los arcenes.

Los **aeropuertos** más cercanos son los de Lisboa, Faro y Badajoz. El aeropuerto de la ciudad española está a 37 km de Elvas. En 2011 se inauguró en Beja el primer aeropuerto del Alentejo, pero al haberse tratado de un proyecto megalómano. Por ahora no ofrece vuelos comerciales.

Si se desea ir en **tren**, la línea Intercidades que va de Lisboa a Faro para en las estaciones alentejanas de Grândola, Ermidas Sado, Funcheira y Sta. Clara-Sabóia. La Intercidades que va hacia el interior llega a Vendas Novas, Casa Branca, Alcáçovas, Évora, Vila Nova da Barónia, Alvito, Cuba y Beja. Entre las cuatro últimas estaciones también existe una línea regional. A lo largo de los años, se han cerrado muchas estaciones por falta de recursos. Conviene consultarlo en Comboios de Portugal (www.cp.pt o 707 210 220) o en las Oficinas de Turismo la información actualizada.

Mediante la compañía nacional de **autobuses** Rede Expressos (www.rede-expressos.pt) se podrá desplazar prácticamente por todo Portugal. La compañía Rodoviária do Alentejo (www.rodalentejo.pt), además de permitir llegar de Badajoz a Elvas en poco más de 20 minutos, garantiza el transporte interno por todo el Alentejo.

En Setúbal, la empresa Atlantic Ferries (www.atlanticferries.pt) dispone de **transbordadores** para pasajeros y coches para cruzar el estuario del Sado hasta Tróia, una atractiva manera de adentrarse en el Alentejo.

I Moneda

Desde la desaparición del escudo en 2002, la moneda oficial portuguesa es el euro (€), con los correspondientes billetes de 5, 10, 20 50, 100, 200 y 500 € y monedas de 1 y 2 € y 1, 2, 5, 10, 20 y 50 céntimos. Aproximadamente,

I Oficinas de Turismo

Alcácer do Sal
Largo Luís de Camões
265 009 987
www.cm-alcacer-dosal.pt

Alcáçovas
Praça da República
266 930 028
www.cm-vianadoalentejo.pt

Aljustrel
Jardim 25 de Abril - Av. 1º de Maio
284 600 070 (ext. 4)
mun-aljustrel.pt

Almodôvar
Convento Nossa Sra da Conceição, Rua do Convento
286 662 057
www.cm-almodovar.pt

Alvito
Largo do Relógio, 2
284 480 808
www.cm-alvito.pt

Arraiolos
Praça do Município
266 490 254
www.cm-arraiolos.pt

Arronches
Largo Serpa Pinto, 10
245 580 085
www.cm-arronches.pt

Avis
Praça Serpa Pinto, 1
242 412 024
www.cm-avis.pt

Beja
Largo Dr. Lima Faleiro
284 311 913
www.cm-beja.pt

Borba
Av. 25 de Abril
268 891 630
www.cm-borba.pt

200 escudos equivalían a un euro y aún hay mucha gente que sigue contando en *contos* (mil escudos).

Las tarjetas de crédito se aceptan en la mayoría de hoteles y restaurantes, aunque se recomienda disponer de dinero en efectivo si se viaja a poblaciones del interior, ya que a veces no resulta fácil encontrar un cajero o incluso hay lugares que solo aceptan el pago con tarjeta Multibanco, que es el sistema nacional, y no con Visa. Si saca dinero en un cajero Multibanco es posible que al teclear el PIN le pidan 6 dígitos. Introduzca solo los 4 de su tarjeta y pulse aceptar. Ni se le ocurra poner dos ceros delante.

▌Hora oficial

El Alentejo, al igual que el resto del Portugal peninsular, tiene el mismo horario que las islas Canarias, una hora menos que el horario peninsular español.

▌Fiestas oficiales

1 de enero	Año nuevo
Febrero (variable)	Carnaval
Marzo/abril	Viernes Santo
Marzo/abril	Lunes de Pascua
25 de abril	Día de la Libertad
1 de mayo	Día del Trabajador
Junio (variable)	Corpus Christi
10 de junio	Día Nacional
15 de agosto	Asunción
5 de octubre	Día de la República
1 de noviembre	Todos los Santos
1 de diciembre	Restauración de la Independencia
8 de diciembre	Inmaculada Concepción
25 de diciembre	Navidad

▌Horario comercial

Las tiendas suelen abrir de 9 h a 13 h y de 15 h a 19 h, los supermercados y grandes almacenes, de 9 h a 19 h, aunque en algunos casos pueden alargar el horario según la temporada.

Las farmacias disponen del horario de las guardias en la puerta.

Para confirmar los horarios de museos e iglesias se recomienda dirigirse a las oficinas de turismo.

▌Conducir

Las normas de circulación son internacionales, por lo que son iguales que en España. Los límites de velocidad de un turismo convencional son de 50 km/h en los centros urbanos, 90 km/h en las carreteras nacionales y 120 km/h en las autopistas.

El nivel máximo de alcoholemia permitido es de 0,5 g/l, aunque se está discutiendo bajar esta tasa a 0,2

g/l para los jóvenes de entre 18 y 24 años. El cinturón es obligatorio para todos los pasajeros del vehículo.
Las estaciones de servicio tienen las mismas características que en España. ¡Ojo! No se confunda entre la gasolina sin plomo *(sem chumbo)* y el diesel *(gasóleo)*.

Asistencia en carretera

En caso de avería o accidente, las autopistas disponen de un número de asistencia. Si circula por la A1, la A2 o la A6 deberá llamar al 210 730 300 (BRISA) y si lo hace por la A23 al 217 826 200 (SCUTVIAS). Asimismo, las autopistas disponen de teléfonos SOS naranjas para casos de emergencia.
Las compañías de alquiler de coches tienen su propio servicio en caso de avería. Si el vehículo es suyo, se recomienda llamar al teléfono de asistencia internacional de su seguro del coche.

Precauciones

El Alentejo es una región muy pacífica y los índices de delincuencia son muy bajos. No obstante, conviene tomar las medidas de precaución más habituales. A pesar de encontrarse en una playa desierta, no deje sus pertenencias solas; no guarde objetos de mucho valor en el coche, utilice la caja fuerte del hotel.

Teléfono e internet

Para llamar a un número portugués desde España deberá marcar el prefijo 00351 y, para hacerlo desde Portugal a un número español, el prefijo 0034.
Para llamar con el móvil desde Portugal asegúrese de tener el *roaming* del móvil activado.
No es difícil encontrar algún cíber o algún café o espacio público, como las bibliotecas, con wifi u ordenadores con Internet.

Correos

Las oficinas de Correos se encuentran ubicadas en las principales poblaciones. El horario de funcionamiento suele ser de 9 h a 18 h, aunque en algunos casos cierran sus puertas sobre las 14.30 h.
Los sellos se encuentran en las propias oficinas, en quioscos, estancos, hoteles e incluso en máquinas expendedoras en plena calle.
Las cartas pueden enviarse por Correo Normal o de forma urgente por *Correio Azul*. No se confunda en el buzón.

Propinas

En Portugal no existe un porcentaje fijo de propina. En muchos casos, depende más de la satisfacción del cliente con el trato recibido que del convencional 10 por ciento.

▌ Teléfonos útiles

Urgencias: 112
Salud 24h: 808 24 24 24
Intoxicaciones:
808 250 143
Información general:
1820 y 118
**Línea de apoyo
al turista:** 211 140 200

Monforte
✉ Rua Visconde da Luz
☎ 245 578 067
🖥 www.cm-monforte.pt

Monsaraz
✉ Rua Direita
☎ 927 997 316
🖥 www.cm-reguengos-monsaraz.pt

Montemor-o-Novo
✉ Largo Calouste Gulbenkian
☎ 266 898 103
🖥 www.cm-montemornovo.pt

Moura
✉ Castillo
☎ 285 251 375
🖥 www.cm-moura.pt

Nisa
✉ Praça da República
☎ 245 410 000
🖥 www.cm-nisa.pt

Odemira
✉ Praça José Maria Lopes Falcão
☎ 283 320 986
🖥 turismo.cm-odemira.pt

Portalegre
✉ Rua Guilherme G. Fernandes, 22
☎ 245 307 445
🖥 www.cm-portalegre.pt

Sanidad

Los ciudadanos de la UE disponen de asistencia sanitaria gratuita presentando la Tarjeta Sanitaria Europea (TSE), que se emite en los Centros de Atención e Información de la Seguridad Social. Como complemento, se recomienda un seguro de viaje, y aún más si no se es ciudadano de la UE.

Los **hospitales** principales del Alentejo son el Hospital do Espírito Santo de Évora, el Hospital do Litoral Alentejano de Santiago do Cacém, el Hospital Santa Luzia de Elvas y la Unidade Local de Saúde do Baixo Alentejo, EPE, que integra el Hospital José Joaquim Fernandes de Beja, el Hospital de São Paulo de Serpa y todos los centros sanitarios de Beja.

Las **farmacias** se distinguen por una cruz verde. Suelen abrir entre semana, de 9 h a 13 h y de 15 h a 19 h, y los sábados por las mañanas. Se puede consultar las que están de guardia en la puerta del establecimiento. Las webs www.farmaciasportuguesas.pt y www.farmaciasdeservico.net pueden serle de gran ayuda. Muchos de los medicamentos cambian de nombre según la farmacéutica, por lo que conviene traerlos de casa o, como mínimo, saber de qué están compuestos.

Descuentos

Los niños, los jóvenes, los estudiantes y la tercera edad se benefician de varios descuentos en museos, alojamientos y transportes.

Electricidad

Los enchufes son iguales que en España. La corriente eléctrica es de 220 voltios.

Fotografía

Qué fotografiar: Los extensos arenales de playa, las costas escarpadas, los dorados trigales, los alcornoques esquilados como las ovejas, los verdes olivares, los pueblos pintorescos con sus casas con paredes de cal y zócalos azules y amarillos, los mercados y ferias populares, los embalses y lagos, los pueblos medievales, los monumentos megalíticos y otras ruinas, los omnipresentes nidos de cigüeña y una gran variedad de aves.

La mejor hora: Tanto los amaneceres como los atardeceres pueden resultar impresionantes por el gran abanico de tonalidades. A pleno día, la luz puede ser bastante intensa al tratarse de una región muy soleada.

I Idioma

castellano	portugués	castellano	portugués
Días de la semana			
Domingo	*Domingo*	Lunes	*Segunda-feira*
Martes	*Terça-feira*	Miércoles	*Quarta-feira*
Jueves	*Quinta-feira*	Viernes	*Sexta-feira*
Sábado	*Sábado*		
Meses del año			
Enero	*Janeiro*	Febrero	*Fevereiro*
Marzo	*Março*	Abril	*Abril*
Mayo	*Maio*	Junio	*Junho*
Julio	*Julho*	Agosto	*Agosto*
Septiembre	*Setembro*	Octubre	*Outubro*
Noviembre	*Novembro*	Diciembre	*Dezembro*
Expresiones básicas y de cortesía			
Hola	*Olá*	Adiós	*Adeus*
Buenos días	*Bom dia*	Buenas tardes/noches	*Boa tarde/noite*
¿Cómo estás?	*Como estás?*	Gracias	*Obrigado*
Perdone	*Desculpe*	Por favor	*Por favor*
Sí	*Sim*	No	*Não*
Hoy	*Hoje*	Mañana	*Amanhã*
Ayer	*Ontem*	No comprendo	*Não percebo*
¿Cuánto cuesta…?	*Quanto custa…?*	¿Dónde está…?	*Onde fica…?*
Dinero			
Banco	*Banco*	Billetes	*Notas*
Monedas	*Moedas*	Cajero	*Multibanco*
Cambio	*Troco*	Factura	*Factura*
Sacar dinero	*Levantar dinheiro*	Tarjeta de crédito	*Cartão de crédito*
Direcciones			
Antes	*Antes*	Derecha	*Direita*
Izquierda	*Esquerda*	Recto	*Em frente*
Delante	*À frente*	Detrás	*Atrás*
Cerca	*Perto*	Lejos	*Longe*
Hotel y restaurantes			
Almohada	*Almofada*	Manta	*Cobertor*
Sábanas	*Lençóis*	Baño	*Casa de banho*
Desayuno	*Pequeno-almoço*	Habitación doble	*Quarto duplo*
Habitación individual	*Quarto individual*	Llave	*Chave*
Comida	*Almoço*	Cena	*Jantar*
Entrante	*Entrada*	Plato principal	*Prato principal*
Postre	*Sobremesa*	Cuenta	*Conta*
Propina	*Gorjeta*	Poco hecho	*Mal passado*
Muy hecho	*Bem passado*	Pan	*Pão*
Comida y bebida			
Café con leche	*Meia de leite*	Vino	*Vinho*
Cerveza	*Cerveja*	Caña	*Imperial*
Café solo	*Café*	Cortado	*Pingado/ Garoto*
Ternera	*Vitela*	Infusión/té	*Chá*
Pavo	*Peru*	Ajo	*Alho*
Hielo	*Gelo*	Ternera	*Vitela*
Cerdo	*Porco*	Pollo	*Frango*
Pavo	*Peru*	Pescado	*Peixe*
Bacalao	*Bacalhau*	Aceite	*Azeite*

Índice de lugares